第1章　集中する力

JN284008

ほどよい緊張と集中

WBCが終わってから、勝負のかかった土壇場での心境や心理状態について、よく質問される。「そのとき、どういう風にメンタルをコントロールしているのか？」と。

正直に書けば、シーズン中に何度か訪れる土壇場と言われる場面では、深刻に考えることはない。今日訪れた崖《がけ》っ縁の勝負所は、また明日訪れる可能性もあるのだ。毎日のように試合がある。意気込み過ぎて、もし結果がそこで伴わないと、その精神的ショックを引きずって、次の日の試合に影響が生まれてしまう。

ほどよい緊張と集中。

それが答えだ。

プロ生活は16年目。

失敗を何度も繰り返して、この境地にたどり着いたとも言える。

ただ、ほどよい緊張と集中をキープするのは簡単ではない。それを手にするためのいくつかの方法論がある。

まずマイナス思考は一切持たない。

アウトになることは考えない。

WBCのブラジル戦や台湾戦のように1敗が致命傷となる短期決戦、一発勝負の試合のときには、チャンスで打席へ向かっても、シンプルに打つことしか頭にはなかった。

何ごとに関しても大事なのはバランスである。

「何がなんでも」と、力んでしまっては結果につながらないし、逆に、「凄《すご》い場面で回ってきてしまったなあ」と、その打席にひるんでもダメだ。

ほどよい緊張と集中とリラックスのバランスが取れていないといけない。

集中しすぎて、それが力みに変わってもバッティングに狂いが出る。リラックスしようと、気持ちを抜き過ぎても、今度は、相手の気迫に圧倒される。

勝負所というのは、こちらだけでなく、投手にとっても勝負なのだ。ここぞという場面では、相手のピッチャーも力を入れてくる。なおさら、ほどよいバランスが重要になってくる。

プロ入り4年目の2001年からレギュラーとして常時試合に出場できるようになっ

たが、そこから2、3年は試行錯誤を繰り返した。

力んで失敗。その失敗を踏まえて、次は極端に緊張せずに無心で打席に向かおうと心掛けたが、逆に緊張感が足りずに失敗した。ほどよいバランスの域には、なかなか到達せずに成功と失敗を行ったり来たりしていた。

力んでしまって失敗した記憶のあるゲームは、ひとつやふたつではない。

「もう何も考えずにいこう」

「来たボールを打ってやろう」

無我の境地で打席に向かったはずだが、実は力みがあって、高目のストレートに手を出してポーンとポップフライを上げてしまった……。

「この球が来たら行ってやろう」と配球を読み、ボールを絞り込んでしまったケースでは、その狙い球が来たらたとえクソボールであっても、どこまでも追いかけてしまって失敗したこともある。

かといってじっくりと構えていると、甘いボールが来たときに、凍りついたように体が動かなくてバットが出なかったこともあった。この場合は、冷静になろうと気持ちを抑えすぎて積極性を失ってしまった悪い例だ。

若い頃は、追いかけっこをしていて答えのない迷路に迷い込んでいたような気がする。「ダメだったから次はこうしてみよう」とトライするが、それもまた失敗をして、いつのまにかスタート地点に戻ってしまっている。そういう負の連鎖の迷路をグルグルと回っていた。

失敗を重ねると、「あの球が来るかも、いや、この球種が来るかも」と、３つも４つも考え始める。僕らの世界で言う「カウントを追いかける」という最悪の打者心理である。すると、それは迷いにつながる。考えすぎると、結局、バッティングに一番大切な積極性を失うことになるのだ。

だが、そういう堂々巡りを繰り返しながら、思考はどんどんシンプルになっていった。最終的に行き着いたのは、「このボールが来い」という願望を含んだ中途半端な考えではなく「次は、このボールが必ず来る。だから、そのボールが来たら、こう打とう」という確信に基づいたシンプルな思考である。

死ぬ気で打席に立つ

「土壇場に追い詰められたときに力を発揮する方法を教えて下さい！」

「ＷＢＣの打席のプレッシャーは生半可なものではなかったでしょう？」

ＷＢＣを終えてから、そんな質問を多く受ける。

１点を追ったブラジル戦の８回一死二塁での代打。

同じく１点のビハインドで迎えた台湾戦の９回二死二塁の打席。

おそらく、これらの緊迫感の漂う打席を見て、そういう質問が出るのだろうが、実は、僕がこれまでの野球人生で一番緊張した場面は、あのＷＢＣの打席ではない。

今なお、生々しい記憶として強く心に刻まれたままになっているのが、亜細亜《あじあ》大時代の１９９４年の秋、東都大学リーグの１部、２部入れ替え戦で行ったバントである。

僕が１年の秋にチームは東都の１部で最下位に低迷してしまい、入れ替え戦を戦わねばならなくなった。東都の歴史上、駒澤《こまざわ》大と亜細亜大の２チームだけは過去に２部に転落したことがなかった。その先輩たちが築いた伝統に泥を塗るわけにはいかなかった。入れ替え戦の相手は、立正大だった。東都は２部でも上位チームのレベルは低くはなかった。1勝1敗で迎えた勝負の第3戦。相手のマウンドは、西口文也《ふみや》さんである。その年のドラフトで西武に3位指名され、2年目で16勝するようなプロ予備軍。

「こんなピッチャーが2部にいるのか」

そのボールを打席で見たときに衝撃を受けた。

1部でも、駒澤大に河原純一《かわはらじゅんいち》さん（巨人ドラフト1位指名）がいたり、プロに進む錚々《そうそう》たるメンバーが揃っていたが、西口さんのレベルは2部のそれではなかった。

当然、僕たちは打ちあぐみ、0対1と、1点を追う展開のままイニングは9回に入った。

僕は当時、1年ながらセカンドで1番を打たせてもらっていた。その回は9番バッターからの攻撃で、そのバッターがヒットで出塁した。ノーアウト一塁。僕へのサインは、セオリー通り送りバントだった。確実に送りバントを決めなければならない。

しかし僕は、その初球にバントを仕掛けて空振りしてしまった。

プロでも通用する西口さんのスライダー。

確実にバントをやろうと思ったが、そのスライダーのキレが、あまりにも鋭くて、一瞬、視界から消えた。

「これはまずいなあ。バントで送れるだろうか」

不安が頭をよぎった。

次の瞬間、ベンチからタイムがかけられた。

内田俊雄《としお》監督に呼ばれたのかなとベンチを見ると、なんと4年生の先輩が、タイムをかけて僕のそばにやってきたのだ。選手がタイムをかけてベンチから出てくるなど、大学野球でもなかなかない光景だ。

するとその先輩は、鬼のような形相をして「バントができるのか、できないのか」と詰問するのだ。あの西口さんのとんでもないスライダーにバットがかすりもしなかった直後だ。

当時からバントはそれなりに巧《うま》い方だったが、西口さんのプロ級のボールを見せられ、しかも絶対に送らねばならない緊迫の場面。そこまでの自信はない。

僕は、正直に「できません」と答えた。

すると、その先輩はみるみる表情を変えた。

「ボールが来たら、バットでやるんじゃなくて、顔でやれ」

ドスのきいた声で真剣に言うのだ。

顔面でぶつかって死球を取ってでも、走者を進めろと言うのである。

負ければ、チーム創設以来初という屈辱の2部落ちが決まる。

名門、亜細亜の伝統を汚すことになる。先輩が目を血走らせているのも当然だった。

亜細亜大野球部の上下関係は、伝統的な体育会のそれで厳しかった。「4年生は絶対！」という人間関係にあって、その先輩が1年坊主の僕に「顔でやれ！」と言うのだ。それは冗談でも比喩《ひゆ》でもなかった。つまり死んでも送れと言うのである。

よく死ぬ気でやれという言葉が使われるが、本当に死ぬ気でやらねばならない場面に遭遇したとき、人間は、どうなるかがよくわかった。

僕はもう震え上がってしまったのだ。

絶対に負けられないという責任感と、失敗したらどうなるんだろうという恐怖感から来る、これまでの野球人生で一度も味わったことのない極度の精神状態だ。入れ替え戦の1戦目から緊張していたが、この9回のバントの場面で、その緊張は頂点に達した。

僕は、覚悟を決め、本当に顔でやるつもりで打席に入った。

西口さんは、また消えるスライダーで攻めてきた。僕は、そのボールに思い切り顔を近づけた。ひゅっと曲がっていくスライダーに、文字通り体ごと食らいついて、なんとかバントを成功させた。

続く2番バッターは何を思ったか、セーフティーバントをした。それはピッチャーゴロになって、僕の命がけのバントは水の泡。結局、僕らは二塁ランナーをホームに帰すことができず、創部以来初めて2部に落ちることになった。

今、振り返ってみても、あのとき以上に打席でプレッシャーを感じた場面はない。僕たちは、2部で1シーズンプレーすることになるのだが、あの入れ替え戦を経験した後では、もうそれからの試合も打席も楽で楽でしょうがなかった。

僕の緊迫、緊張の過去の記憶は、なぜか、いつもバントの場面である。

プロに入ってから最もプレッシャーを背負った記憶を辿《たど》れば、2007年に台湾で行われた北京オリンピック・アジア予選での、代打でバントのサインが出た場面だ。

12月1日、第2戦となる韓国戦。

前日のフィリピン戦で左足にデッドボールを当てられ、ふくらはぎが腫《は》れてしまっていて僕は走れなかった。そんな故障を抱えた状態だったので、まさか出場機会が巡ってくるとは思っていなかった。1点を争う緊迫のゲーム展開だった。回が押し迫った8回。3対2で勝っていたが、もう1点欲しかった。先頭の阿部慎之助《あべしんのすけ》（巨人）が二塁打を打って出塁、代走に荒木雅博《あらきまさひろ》（中日）が出て、続く村田修一《むらたしゅういち》（当時横浜）の場面で代打を告げられた。

星野仙一《ほしのせんいち》監督は、中日時代に僕を獲得してくれた監督である。星野さんは、「阿部を三塁へ送るバントだけを決めてくれ。一塁へ走らなくていいから」と言われた。

体が凍りつくような緊張を覚えた。

三塁はタッチプレーになるが、もしバントを失敗して三塁でランナーがタッチアウトになってしまうと、そこから一塁へ転送されてダブルプレーが成立してしまうほど、僕の足の故障は深刻だった。走れないというより、歩くことがやっとの状態だった。ダブルプレーとなれば、万事休すである。

星野ジャパンは、もしこの台湾で行われたアジア予選で五輪切符を奪うことができなければ、翌年3月の世界最終予選に回ることになっていた。そこにズレ込むと、プロの試合との兼ね合いで勝ち抜くことが厳しくなる。北京五輪での悲願の金メダル獲得に向けて、何がなんでも、ここで決めておかねばならなかった。今思い起こせば、大学時代の入れ替え戦のバントの方が、さらにきついシチュエーションではあったが、プロになって10年目に体験した、このバントの場面も、その次に位置するくらいプレッシャーがのしかかる局面であった。

僕は、うまくピッチャーの前へバントを転がして荒木を三塁に送ることに成功した。そして稲葉《いなば》篤紀《あつのり》さん（日本ハム）のタイムリーが一、二塁間を抜け、追いすがる韓国を突き放した。

これらの究極の緊張を過去に経験してしまっている僕にとっては、WBCの緊張は周囲の皆さんが想像するほど強烈なものではなかったのである。

ブラジル戦の最初の代打も、2対3で迎えた台湾戦、9回二死から鳥谷《とりたに》敬《たかし》（阪神）が度胸満点の盗塁を決めてスコアリングポジションに進んだ場面でも、僕はそれほど緊張することなく、非常に落ち着いていた。冷静に配球を読み、狙いを絞ることができていた。

試練と経験は人を強くする。

それがベテランの強味かもしれないが、大学時代にくぐり抜けた修羅場が、僕のメンタルを少々のことでは動じないものにしてくれたのかもしれなかった。

プレッシャーをはねのける方法

プレッシャーをはねのける方法は、ひとつしかない。

真剣な練習。本当の練習。

これしかない。

堀越高時代には、2年の春のセンバツ、3年の夏の大会と2度、甲子園の土を踏ませてもらっているが、プレッシャーを感じるというよりも、楽しいという気持ちが先に立った。そこまで緊張してしまう経験もなく、「プレッシャー」が、一体どういうものか、正体がわからなかった。

「プレッシャーというのはこういうことか」

前述した亜細亜大時代の入れ替え戦のバントで初めて身をもって知った。

「野球が怖い」と思った。

その日を境に、僕の野球への取り組む姿勢と考え方がガラッと変わった。練習の段階からプレッシャーがかかるケースを想定して、真剣にやっておかないと成功はないと自分に言い聞かせた。

「練習のための練習をするな」とは、堀越高校の桑原秀範《くわばらひでのり》監督にずっと言われてきたことで、自分でもわかっているつもりでいた。しかし、本当の試合のための練習、実戦のための練習とはどういうものかが、理解できていなかったのだ。

バント練習でも緊張する場面を想定せずに、ただ淡々とバントをしていただけだった。真剣な練習をしていれば、あの緊迫の局面で、先輩に「できません」などと弱音を吐かず、自信を持って打席に立ちバントを決めることができたはずなのだ。なのに僕は、あのとき、普通の心理状態でバントができなかった。日頃から、そういう状況下で練習をしていなかったから、いざ本番で、極度のプレッシャーがのしかかる状況に置かれたときにあたふたしたのだ。

ならば普段から、そういう状況を想定して練習しておけば、自信を持ってプレーできるだろう。僕は、入れ替え戦の次の日から練習に取り組む姿勢を改めた。

あえて自分で練習中からプレッシャーをかけながら、試合と同じように、あのときの動きと同じようにと、想定してやるようになった。

それは守備についても同じことが言える。

それまでは何も考えずにシート打撃の守備について、ノックを受け、捕球して投げているだけだった。しかし、それからは、「ここでエラーしたらどうなるのか」「ここで悪送球を投げると試合が終わる」というギリギリのシチュエーションを想定して練習に取り組むようにした。すると、常に理想的な心構えができるようになってきた。「もしかすれば、イレギュラーするんじゃないか」という慎重さも出てきた。これまで勘違いしていた、試合のための本当の練習というものがわかるようになってきた。

プレッシャーをはねのけ、心を強くするには、普段から緊張する状況を想定して真剣に練習に取り組むしかない。そこまで考えて練習することは簡単ではないが、楽しくワイワイしながらの練習だけでは必ず壁にぶち当たる。緊迫の局面で勝負強さが出てこないのである。だが、これだけは口で言ってもなかなか実行には移せない。継続して、緊張感を持った練習を続けることは難しい。

本気になるために手っ取り早いのは、僕のように、強烈なプレッシャーを感じる場面を実際に経験することだろう。

プレッシャーをはねのけ、勝負強くなるための特効薬は、普段の真剣な練習にあることに早く気づくことなのだ。そういうプレッシャーの局面を想定した練習を続けると、「自分はできる。絶対に成功する」という自信が生まれてくる。つまるところ、プレッシャーを克服する一番の方法は、自分を信じることなのだ。

あの人がミスしたら仕方がないと思わせる

野球は団体競技だ。

ミスや失敗はチームに迷惑をかけることになる。

自分がやれる仕事、任された役割を確実に行うこと。それはチームの勝利へ貢献するための責任と義務である。しかし、野球とは責任を共有し合う団体競技であると同時に失敗のスポーツである。

よく語られるが、10度のうち7度失敗しても3割打者。

失策も、年間数個に抑えられればゴールデン・グラブ賞。

だからある意味、ミスは仕方ないのだ。ただ、試合でミスをしたとき、失敗をしたときに周囲の選手にどう思われるかがチームスポーツとしては非常に大事だと思っている。

「あの人がエラーしたら仕方がない」

「あの人が打てなかったら仕方がない」

そう思われるぐらいの取り組みを普段からしておかなければならない。

それが信頼ではないだろうか。

もちろん結果、成績を残すことが一番であるが、それにグラウンド内での取り組みや姿勢が伴わなければ、信頼にはつながらない。

例えば守備においても、捕って投げて、悪送球になったら、それでサヨナラ負けになるという勝負のかかったケースは少なくない。そういう状況では「おお、これをミスしたらサヨナラか」というネガティブな予測が頭をよぎる。

それでも、そういう状況でこそリラックスして捕れるような準備が必要だ。

絶体絶命のピンチの場面で、僕は「自分のところに絶対に飛んで来るんだ」と思って守っている。

「飛んで来ないでくれ」と弱気になっていることはほとんどない。

野球とは本当に不思議なスポーツで、交代したポジションにボールが飛ぶという「守備あるある」のように、心の中で「オレのところに飛んで来るなよ」と弱気の虫が鳴き始めると、必ずボールが飛んで来るのだ。

そうであるならば「オレのところに飛んで来い！」と心の準備をしておいた方がいいに決まっている。常に「オレのところに飛んで来い」と思っているわけではない。そこまで一球一球に力んでしまっては、プロ野球の長いシーズンでは、さすがに疲れて集中力が持たない。

だが、ここ一番の、自分のところに打球が飛んで来たら痺《しび》れるような場面では「オレのところに飛んで来い」ではなく「オレのところに飛んで来る」という確信に近いイメ

Dragons

ージを抱いて守っている。そこまでの心と体の準備をしておいて、失敗すれば仕方がない。

繰り返すが、もしミスをしたときに「あの人ならば仕方がない」と周囲が納得するだけの努力、準備、姿勢をふだんから大事にしておかなければならない。

守備率10割の追求

理想とするのは、守備率10割である。

1シーズン、失策ゼロだ。

全試合出場を果たしての過去の最少失策は、2004年と2006年に記録した「4」で、守備率は・994。2004年はチームのリーグ優勝が決まった後に、監督から「あとは個人記録を」と言われた矢先に2つのエラーを続けた。意識をしすぎたのか、逆に優勝を果たして気が抜けたのか、中日の過去の最高守備率記録を抜きたいと意気込んだ直後だっただけに悔しかった。

バッターで打率10割は、絶対と言っていいほど不可能だが、守備においては守備率10

割を実現することは決して不可能ではない。

可能性があるならば、プロとして、そこを目標にして自分を高め、守備率10割を追い求めなければならない。ゴールデン・グラブや、ベストナインというタイトルは、あくまでも結果に対する評価だと思う。僕が目標として掲げているのは、守備での年間パーフェクトである。それがチーム貢献の最たる結果につながるのではないだろうか。

しかし、力みが出るのか、たいていシーズンの序盤、それも4月にひとつ目の失策をやってしまう。最初に失策をスコアブックに記録してしまうと「今年はもう終わったか」と失望してしまう。そこからのシーズンがとても長く感じてしまうほどだ。

理想は9月、8月……いや、ぜいたくを言わないで、せめてオールスターまでは、失策ゼロで行きたい。そうなってくると、きっと守っていて、ひとつもミスができない状況に痺れるだろうと思うが、そういう緊張感を一度でいいから味わってみたい。痺れる野球こそ、野球人の本懐である。

“逃げるな”という両親の教え

両親（父・武久《たけひさ》／母・節子《せつこ》）はとても厳しかった。

父は船乗りだった。

「勉強しろ」と、うるさくは言わなかったけれど、時間の厳守や生活態度など、人としてどうあるべきかという生き様のようなものに対しては厳しかった。

野球を小学生に上がってやり始めたときに、両親とひとつだけ約束を交わした。

「やるからには最後までやりなさい」

自分が、「野球をやりたい」と言って始めたわけだから、途中で辞めるとか、練習を休むということは許されなかった。

“逃げるな”

それが両親の教えだった。

約束は交わしたものの、そこは、まだ子供だから「最後までって、どこまでなんだろう」と悩んだ。「将来はプロ野球選手になりたい」と憧《あこが》れは抱いていたが、そのゴールが「プロ野球まで」と考えていたわけではない。

とりあえず少年野球のチームに入ったときには、その節目は小学校卒業まで。中学でシニアリーグのチームに入ったときも「3年間」、と節目、節目まで頑張ることを決めた。真面目な性格だったのだろう。両親の教えを守り、途中で辞めるとか、練習をさぼるとかを考えたことはない。野球から〝逃げない〟という姿勢だけは、この頃から自分のルールにしていた。

ただ、小学3年生のとき、父の仕事の関係で静岡へ引越すことになって、物理的に野球を続けることができなくなったことがあった。家族で引越しした静岡の伊豆は、さすががサッカー王国と呼ばれるだけあって、圧倒的にサッカー、サッカー。校内でリフティング大会が催されるほどサッカーは盛んだったが、その一方で少年野球チームは地元になかったのである。

仕方なく僕は、小学3年生のたった半年間だけだったが、地元のサッカーチームに入った。両親も「野球を続けると約束しただろう」とは言わずにサッカーをやることを見守ってくれていた。

初めて体験するサッカーだから、いろいろなポジションをやらせてもらった。最終的にはFWに落ち着いたのだが、サッカーのサの字もわからず、ただ走って、ボールを蹴《け》っているだけの僕が、いきなりレギュラーに抜擢《ばってき》されて、6年生主体のゲームに出してもらったりした。毎試合のように得点していた記憶もある。スポーツはどんな競技であっても試合に出場できることが一番楽しいし面白い。

しかし、サッカーへの転身は、その半年で終わった。父がまた転勤で川崎に戻ることになり、僕も野球のチームに戻った。もし、あのまま静岡にいれば、サッカー少年からJリーグ、日本代表を目指してサッカーをしていたのだろうか？

おそらく、それはなかったと思う。静岡で暮らしていたとしてもサッカーは中学に入ってまで続けていなかっただろう。静岡という、サッカーをやることが当たり前の環境に置かれ、ほかに選択肢がなかったのでサッカーをやっていたけれど、そこまでサッカーが好きではなかったのだ。

少年野球では、チーム練習がないときも一人で練習をしていた。

野球が面白い。だから、もっと上手《うま》くなりたい。自然とそんな気持ちが湧き上がっていた。しかし、サッカーでは、そこまでの気持ちがなかった。

今でも気になってサッカーを見るか？　と言われれば見ていない。サッカー日本代表の試合もめったに見ない。あまり点が入りそうにないので、見るよりやる方が楽しいのがサッカーである。

話が少し脱線してしまったが、〝逃げるな〟の教えは、現在に至るまで、ずっと守り続けているような気がする。

堀越高、亜細亜大の７年間は、厳しい練習と重なる怪我のアクシデントに苦しんだが、野球を放り投げようとしたことは一度もなかった。プロ生活でもそうである。詳しくは後述するが、右目が見えなくなって、一度は引退を決意したこともあった。しかし、妻の支えもあって最後の最後は思いとどまった。

今思うに、両親が僕に伝えようとしたのは、置かれた環境の中で努力を重ね、限界に立ち向かおうとする姿勢だったのだと思う。逃げないという結果よりも、逃げないために何をするかという、そのプロセスこそが大切なのだ。

人生を変えた出逢い

人生とは人との出逢《であ》いである。

多くの人にお世話になり、教えられ、支えられ、影響されて、導かれるようにして今、こうしてプロのグラウンドに立って野球ができている。

人生を左右した出逢いについて深く思い起こしたとき、最初に浮かんでくる名前が、野村克也《のむらかつや》さんである。野球ファンの方には、今さら説明の必要はないと思うが、南海時代には名キャッチャーとして戦後初の三冠王を獲得された。監督としても南海のプレーイングマネージャーを皮切りに、ヤクルト、阪神、楽天で指揮を執られた名将だ。

野村さんとは、中学時代に知り合った。ちょうどヤクルトの監督に就任される直前だ。

中学校では硬球に少しでも早く慣れたくて、軟球を使う部活の野球部ではなく、シニアチームに入った。そこは週に一度くらいしか練習をせず、人数が足りずに試合ができないときもあったくらいの弱小チームで、大きな大会で勝つこともなかった。僕は当時、投手だったが、ビックリするようなボールを投げることはできなかった。

当然、強い高校からの誘いもなかった。行ける力もなかった。

ちょっと野球から遠のいてしまったような空白の3年間だった。

野球への情熱も薄れてしまっていたと思う。

たまたま、地区が一緒で野村さんが監督をされていた港東《こうとう》ムースと試合をした。試合は1対2で敗《やぶ》れたが、いいピッチングをして、打つ方でも3打数3安打の活躍をしたため、野村監督に見込まれた。その試合を機に目をかけていただき、港東ムースの練習に呼んでもらうようになる。

バッティングピッチャーとして、港東ムースのシート打撃などで投げるのだが、そのうち、野村監督が、高校進学について「行きたいところがあるのか」と聞いてくださった。

どこで野球をやるのがベストか、甲子園出場の可能性がある学校はどこか。何も知らなかった僕は、「どうしようか」と悩んでいたが、野村さんに「堀越を受験してみないか」と、勧めていただいた。

息子さんの野村克則《かつのり》さんが堀越高の2年に在学中で、野村さんは堀越とのパイプを持たれていたようだが、僕は入学するまで、そのことを知らなかった。

神奈川県内の学校への進学を希望していたので東京の学校は考えていなかった。芸能人が通うことで有名な堀越の名前は、かすかに聞いたことはあったが、野球部が強いのか弱いのかは知らなかった。

自分なりに調べてみると、過去5年間で常に東京都の大会でベスト4くらいには食い込んでいる学校だった。甲子園出場の可能性は低くない。さらに、いろいろとリサーチしてみると、野球の練習は、週休2日という珍しいチームだった。「これはいいや。楽できる」。そういう安易な動機も手伝って堀越への入学を即断した。

僕は、「お願いします」と、野村さんに連絡をした。

今から思えば、この野村さんの勧めが、僕の人生の転機になるのである。

僕は、ピッチャーを希望して堀越高に入学した。

小学校の段階で球速は100キロは出ていた。シニアでは全国大会出場はなかったが、エリートの集まる野村さんのチームを相手に、そこそこのピッチングはしたし、それなりに自信はあった。しかし入学後1か月間は、先輩、後輩の礼節を教えられ、野球の勉強と体力作りばかりに費やされた。ちょうど5月のゴールデンウイークが明けたぐらいに、ようやくグラウンドに入れてもらえた。

ピッチャーは、フリーバッティングの練習のときに守備につかされる。

「おまえら好きなところを守れ」と監督に言われて散らばった。言うなれば、球拾いのようなものだ。たいていの場合、ピッチャーは外野を守りにいくのだが、ふと、ダイヤモンドを見てみると、ショートを誰も守っていなかった。たまたま、チームに2年生でショートを守る選手が一人もいなかったのである。

「誰もいないなら入っとけ」

軽い遊び感覚で、そのポジションに入った。

もちろん、それまで内野など守ったことがない。

まだ1年生。「チャンスがあるなら何がなんでもポジションを奪ってやる」というような強い野心があったわけでもなかった。結果的に、競争の少ないところを選んだことが、スペシャリストへの道を歩み始めるスタート地点となったのだ。

人生は、何がきっかけになって、どこへどう転がっていくかわからない。そのときの行動がきっかけになって、次の日から僕のポジションはショートに変わっていた。桑原秀範監督から「井端は、そのままショートをやれ」と命じられたのである。

実は、堀越高への入学前に野村さんから「高校に入ったら、打って走って守ってというプレイヤーを目指した方がいいんじゃないか」と言われていた。後に聞けば、野村さんは桑原監督にも「井端は、投手より内野手をやらせた方が能力が生きる」と、内野手転向を勧めていたらしい。そういう経緯もあって、桑原監督は、僕がショートのポジションに入ったことを素直に受け入れてくれたのだろう。

僕も「あの野村さんが言うのだから信じて従おう」と、スパッと投手から未知のポジションであった内野手への転向を決断できた。高校1年生のガキんちょに対して雲の上の人だった野村さんの金言が神の啓示のように降りてきたのだから、これ以上の説得力はない。悔いも迷いもなく投手を止めることができた。そう考えると、野村さんの一言は、僕の人生を変えた一言だったと思うのだ。

もし、こういうきっかけがなければ、僕は、ずっとピッチャーをやっていただろう。きっとチームでも2番手、3番手投手の位置を抜け出せず、本気になってやる野球は高校の段階で終わっていたんだと思う。野村さんの一言がなければ、プロへの道など開けず、今、ここにつながっていない。不思議なものだ。

僕は、堀越高から東都の強豪、亜細亜大に進むことになるが、大学という進路も自分で考えて決めたわけではなかった。どちらかと言えば優柔不断。自我が確立されていて主体的に考えたわけではなく、自然の流れに乗っかっただけだった。

甲子園にも2度出場していて、新聞などには「評価C」でプロ候補として名前は出ていたが、プロからの具体的な誘いはなく、大学に進んで野球をやろうと、進路の希望を固めた。ひとつ学年が上の井口資仁《いぐちただひと》さん（現千葉ロッテ）に憧れていた僕は、そのマイアイドルのいる青山学院大への進学を希望していた。

青学大のセレクションを受けるつもりでいたら、あるとき、桑原監督から「大学のセレクションがどういうものかを知る意味で、亜細亜大のセレクションを受けに行ってみろ！」と電話がかかってきた。言われるままにセレクションを受けると、あれよ、あれよと亜細亜大への進学が内定してしまった。青学大を志望していた僕は思い悩んだが、「行ける大学があればどこでもＯＫだろう」という気持ちもあった。また亜細亜大進学に関しては「大学卒業後は社会人へ行ってもいいので、将来、母校に帰ってきて監督をしてくれ」という話があった。「将来、母校で指導者になれるのなら」と自分も、その気になった。

桑原監督と、亜細亜大の内田監督は、広島商高の同級生。うまく2人の連係プレーに乗せられたのかもしれなかったが。

ただ、その流れに乗るという選択は、人と人をつなぐ縁とも言えるかもしれない。僕は亜細亜大で、1番・セカンドのポジションを入学早々にいただき、今の野球スタイルの原型のようなものをさらにブラッシュアップすることになる。

人の縁に恵まれ、ひとつの方向に導かれたのである。

ちなみに野村さんとは、プロになってからも、しばしば話をさせていただく機会がある。

野村さんは、たくさんの本を出版されているが、その著作のほとんどに僕は目を通している。一度、日本シリーズの解説を頼まれたときに、野村さんと会う機会があって「人と違う野球の見方をしろ。人の気がつかないところに目をつければ、自分の野球の視野も広がるし、野球を辞めた後にも道が開けてくるぞ」と言葉をかけてもらった。考えさせられた。野村さんの話を聞くと、僕の考え方は、まだまだ甘いのだと思い知らされる。僕の人生を変えた人は、今も僕の野球人生へ影響を与えてくれている。

考える野球

考える野球。

それは肉体的にも恵まれぬ僕が、この世界で生きるための糧だ。

堀越高での3年間が、考える野球を学んだ時期だった。

中学の3年間は、シニアのチームの練習と試合も週に一度だけだったので、ほぼ何もせず、野球への情熱も薄れていた。もし、野村さんの推薦がなく堀越高に進んでいなかったら、どこか他の学校で、遊び半分くらいの感覚で野球を続けていたのかもしれない。

しかし、堀越高で桑原監督と出逢ったことで野球中心の生活に戻ることができた。

怪我もあって最初の1か月はボールを持てなかったので、入学と同時に野球の実戦練習ではなく、座学がスタートした。

初めて体験する野球の勉強である。

アウトカウント、バッティングカウントごとに、右バッターの場合、左バッターの場合で、ストライクゾーンのここのコースにどんな球種を投げれば、ここに飛ぶ、変化球ならここに飛ぶというようなパターンをノートに書き写しながら頭に叩《たた》き込んだ。

桑原監督が独自の資料を作っていた。それぞれのバッターの傾向、投球のコースや球種における打球が飛ぶ方向の傾向をデータ化、理論化した方程式のようなものだ。

プロ野球のスコアラーは、打球方向の傾向を対右投手、対左投手、対ストレート、対変化球、アウトカウント、塁上の走者別にまで詳しくパターンに分けて分析、データ化してくれている。そのデータ野球の基礎のようなものに高校時代に触れたわけだ。

内野手のポジショニングについての基礎も学んだ。それは僕に大きなインパクトを与えた。例えば、強振してくるタイプのバッターに対しては、投手はひっかけさせようと、変化球を投げるケースが多々ある。その場合、ショートのポジションの僕は、引っかける打球を予測して三遊間を締めておくわけである。

僕は、そういう大胆なポジショニングを自分で考えて実行するようにしていた。

どういうシチュエーションで、どういうタイプのバッターが来たら、どう動くか。学んでいたデータを信用して定位置を動かすようにしていた。

基本データに、自分の勘も多少は加えるようにした。「もっとベースに寄った方がいいんじゃないか」とか、「このバッターはまったく寄らなくてもいいんじゃないか」など。その動きが教えられた基本とは違うものであっても、その時々の自分の勘や感性に従って動いていた。

高校野球ではプロのように事前に対戦相手のデータはない。監督からは、「ワンスイングを見て、その打者のタイプを見破るように」と言われていた。目配せと察知能力である。

ネクストバッターズサークルの動きからバッターを観察していたが、やはりバッターボックスでのスイングとは違うのであまり参考にはならなかった。しかしバッターボックスのひと振りでなんとか判断しようと努力を続けた結果、やがて、そのポジショニングが面白いように効果を発揮するようになった。「ここに飛ぶだろう」と思った場所にボールが飛んでくるのだ。そうなると、自分なりに守備の勘と動きというものに自信を深めていく。

1年の秋から「8番・ショート」で試合に出してもらえるようになった。センバツの行方を占う秋の大会で、こんなシーンがあった。9回二死三塁でピッチャーが投げたスライダーを引っ張られた。三遊間がまっぷたつになる当たりだったが、僕は予感がして、かなり三遊間を締めるポジショニングをしていた。頭を使い、事前に守備位置を動かしていた成果でアウトにすることができたのだ。

チームは逆転を果たして春のセンバツの切符を手にすることになった。監督にも褒められ、「内野手って面白い」「野球って面白い」と奥深い野球の魅力に触れた。それまで野球というものを考えるスポーツだとは思ったことがなかった。

中学生までは、とにかく打てばいい、投げればいい、走ればいいという単純な野球だった。高校時代に初めて、「野球って複雑なんだな。頭を使ってやれば勝利に近づくことのできるスポーツなんだ」ということを知ったのだ。

桑原監督は広島商高出身の方で、僕が入学する前から、このような考える野球をチームに徹底して教えこまれていたようだった。緻密《ちみつ》な野球が好きな監督だったのだろう。

僕の今の野球の原型、原点は、間違いなく、ここにある。

内野のポジショニングだけでなく、何でも考えてやらされていた。全体練習の時間は少ない。全員で揃ってやるのは、ノックぐらいで、あとは個人練習がほとんどだった。自主性が重んじられていて、当時から常に「考えてやれ」というのが、桑原監督の口グセのようだった。特に口を酸っぱくして言われていたのが、「練習のための練習をするな」ということだった。

常に実際の試合では何が起きるのかを想定して練習させられた。

例えば、雨降りの日は、通常ならグラウンドは使わないが、あえて「雨でも試合がある。試合途中に雨が降ってくるときもある」と練習を強行することがあった。あえて濡《ぬ》れたボールでキャッチボールをしたり、水浸しのグラウンドでノックをしたりして、雨中のゲームを想定した練習をやった。

他の学校は、そういう練習をしていたかどうかは知らないが、かなり特殊な方だったと思う。桑原監督は、「他がするからウチもする」というのを好まない独創的な指導者で、常に変わった練習をしていた。僕がショートにコンバートされたのも、そういう風土のあるチームだったからかもしれない。

堀越高で学んだ「考えてやれ」という教えは、間違いなく今の僕の野球のスタイルにつながっている。思い切ったポジショニングは、プロに入ってさらに磨きをかけた。僕がプロとして守りで生きてこられたのも、このポジショニングのおかげである。僕のように肉体的にも小さくセンスもない選手が、プロで16年もプレーできているのは、まさに「考えてやる野球」を実践してきたからだ。

7秒で気持ちを切り替える

プロ野球のシーズンは長い。

激しく一喜一憂してしまえば、メンタルが持たないのだが、やはりチームが勝てなければ気分は落ち込むし、守備でミスをすれば途方にも暮れる。打席ではひとつのアウトが悔しい。その日、ゼロ安打に終わって球場を後にするときは、さらに悔しさが増す。

この本を執筆するにあたって、編集者から一番悔しかったシーンを回想して書き出して欲しいと言われたが、それはひとつやふたつではないし、一番悔しいのは、昨日の試合で打てなかったことなのだ。

野球選手としては、その悔しさを失ったときが終わりだと思う。

ただ、気分で野球はできない。そういう中でコンスタントに調子を維持するためにはメンタルコントロールが大切になってくる。いわゆる気持ちの切り替えである。

堀越高のとき、桑原監督から「7秒で気持ちを切り替えろ」と教えられた。

ある試合で、僕が散々ミスをして負けた。当然、監督にこっぴどく叱られ、落ち込み、もう脱力したまま学校に帰ってきた。

監督は、僕の落ち込みがよほど気になったのだろう。部屋に呼ばれた。

「終わったものはしょうがない。毎日、野球はあるわけだから、明日の試合に、次の打席に、次の守備機会に、今日の失敗でわかったことを生かせばいい」

怒られたり、失敗したりした後で、メンタルが落ち込み、次のプレーに影響が出てしまうような心理状態になったとき、「7秒で気持ちを切り替えることができれば、1打席でも、1球でも、ピッチャーが投げるまでに、新しい気持ちで準備することができる」ということを言われた。なぜ7秒？　とも思ったが、高校野球では、投球間隔が約

7秒なので「7秒で」と考えられたのかもしれない。

しかし、ついさっきまで怒られていたのに、次の瞬間、「笑顔になれ!」「笑って気分を変えろ!」と言われても、なかなかできるものではない。

「そんなすぐに気持ちを切り替えるなんて無理でしょう」

そう思ってプレーしていたが、あるとき、気持ちの切り替えができなければ、バッティングのトータルマネジメントができないということを教えられた。

「おまえな。このままメンタルの切り替えができなければ、最初の打席がダメだったら、その日は全部ダメ。逆に1打席目がよかったら、そのままの勢いで行ける。そういう単純なバッターになってしまうぞ」

確かに最初の打席で見逃し三振をしてしまい、気持ちの切り替えができない心理状態ならば、次の打席でなんとか取り返そう、やり返そうという気持ちが強くなって、初球から難しいコースのボールにでも手を出してしまうだろう。気持ちの切り替えをおいたままにして、次の打席に心理状態を引きずるとそういう結果になる。

「1打席目に見逃しの三振をしようが、変なボールを振ろうが、2打席目から、また新たな気持ちを持って打席に立て。１打席１打席、気持ちを新しく持って打席に立て」

そう諭された。そして、「次の打席に立つ前に、そこまで、どう攻められたかの配球をみつめなおし、その傾向と、印象だけは持っておきなさい。気持ちの切り替えとは、次への準備なのだ」と具体的に、その手法まで教えてもらった。

もう20年も前の出来事だが、そのとき桑原監督に教えられたことが、今では、とてもよく理解できる。「7秒で切り替えよ」という手法は、プロになった現在でも、守備、打撃、チームの勝利へのマネジメント……そのすべてに通ずるのだ。

オンとオフのスイッチ

野球選手のように勝負の世界に生きる人間には、練習と私生活における、オンとオフのスイッチの使い分けが非常に大事になってくる。

堀越高時代に桑原監督からはオンとオフの切り替えの重要性をよく説かれた。

やるときはやる、休むときは休む。堀越高は強豪校には珍しく週休２日制だった。

秋の大会が終わってしまえば、2月1日のセンバツ出場校発表まで土日がずっと休み。高校野球では、正月も休まないというチームが珍しくないが、堀越は違っていた。カリキュラムも特殊で、授業は午前中に終わり、練習は昼の1時ぐらいからスタートする。普段から練習量は多い。朝練はなく、登校も10時。現在のカリキュラムは知らないが、僕の時代の授業は2時間しかなかった。

野球部は芸能コースではなく、体育コースで、登校時間は他の生徒より遅く設定してもらっていた。疲労を回復するための睡眠もぐっすり取れるし、練習環境としては最高だった。その上、週休2日である。

休みの日を返上して練習をしていたりすると、監督に「何をやってるんだ」と逆に怒られた。「そんなに練習したいなら休みなしでやるぞ」と言われると、さすがにそれは困るから、「休めるときは休んでおこう」と気持ちを切り替えた。

その代わり、月から金まではとにかく集中して練習した。

練習の虫だったと思う。

それでもオンとオフの切り替えはできていた。

高校時代の気分転換の方法は単純だった。

「辛《つら》いことがあると遊んで忘れる！」

思春期である。思い悩むことは少なくなかった。

青春時代に、辛いことにぶち当たると、それを忘れるための手段はひとつしかなかった。スイッチをオフに切り替えて思い切り遊ぶのだ。

当時、堀越高では、一軒家を２つ借り切って、それを野球部寮にしていた。ひとつ屋根の下で野手のレギュラーが10人、ピッチャーが２人ほど暮らしていた。食事も自分たちで作るなど自主性が重んじられていた寮生活では、意外に自由な時間があった。３年生になると、夕食を終えたら自由時間で、次の日は午前10時登校。たっぷり時間があるので、みんなで夜中にこっそりと寮を抜け出してカラオケボックスなどに遊びに行った。若かった。門限を破って朝方まで遊んでいたこともあった。

辛いことがあったり、監督に怒られたときには、３年だけでなく２年も引き連れて夜遊びをしていた。みんなで揃って、怒られた気分を晴らすと、自然とチーム内に団結力が生まれてくる。誰かが怒られて落ち込んだら、「みんなで気分転換に行くぞ」という感じのチームだった。練習が厳しく、監督が怖くとも、その時間は楽しかった。プロになった今でも、その気分転換方法は、うまく応用している。失敗したり、怒られたりした後に一人になると、さらに気持ちは沈むだけ。「行きたくないな」と思っても、無理やり気持ちを奮い立たせてまで頑張って遊びに行く（笑）。そんなときに、後輩などの選手を一緒に連れていくと迷惑をかけるので、仲良くしてもらっている元バッティングピッチャー（現用具係）の平沼定晴《ひらぬまさだはる》さんや、裏方の皆さんに付き合ってもらうのだ。

いい成績が続いているときは一人でいても気分はいいものだ。しかし、そんな時間は多くはない（笑）。気分転換が必要なケースの方がほとんどで、そういうときに裏方さんから意見、アドバイスを聞かせてもらうと救われるのだ。自分の前しか見えなくなったときに裏方さんに相談して助けてもらった機会は、一度や二度ではない。

内にこもって考え込み、問題を解決するタイプの人もいるだろう。

しかし、僕の場合は、堀越高時代からやっているシンプルに遊ぶという方法論が性に合っている。嫌なことがあれば、スイッチをオフにして、その日のうちに解決したいと思っている。

第2章　逆境を乗り越える力

なんとかなるさのポジティブ思考

僕は過去に何度か野球ができなくなる危機に直面した。

予期せぬアクシデントに襲われ深刻な怪我を負った。

最初のアクシデントは、堀越高への入学が決まり、甲子園を目指し、やっと本格的に野球をスタートできると意気込んでいた4月に起きた。僕は正式な入学式を迎える前から春休みの練習に参加していた。ノックを受けているとき、イレギュラーした打球が左目に当たった。かなり激しくぶつかった。その衝撃で左目は網膜剥離《はくり》を起こしていた。緊急入院して、すぐに手術をしたが、医師には「多分、もう野球はできないよ」と言われた。

「もう一度やったら失明する」とも宣告された。

丸1か月は練習に参加できずに見学となった。中学でしっかりと野球をやっていなかったので、高校に入って、どうなるのかと不安だった。しかも堀越高にはシニア時代から名の通ったエリートばかりが集まっている。部員は80人から90人もいて周囲が上手《うま》いから、なおさら焦りが募った。ヨーイドンの大事な1か月を突っ立って練習を見ているだけで終わったのだ。野球がやりたいのにできない。何もできないことが一番の苦痛だった。おそらく辛《つら》い時間だったのだろう。今でも、スッポリと、その1か月の記憶が抜け落ちているのだ。

医師からは、運動を再開する許可をもらったが、視力は落ちた。

そのピンチからよく立ち直ったものだと思う。「なんとかなるさ」という気持ちで前を向いたのだ。「絶対に大丈夫」という強い意志ではなく、「なんとかなるさ」という、ちょっといい加減な〝ケセラセラ（なんとかなるさ）〟の精神である。それほど深刻に悩むことを止めて、緩いプラス思考を持ったのだと思う。それが良かったのである。

しかし、僕は亜細亜大時代に、また目にアクシデントを負う。目の神様によほど嫌われているのだろうか。

大学2年の春のリーグ戦の最終戦だった。試合前、相手チームのシートノックをベンチから見ていると、味方の先発ピッチャーが投球練習で投げたボールが、スッポ抜けてダイレクトでベンチにまで飛んできて、僕の右目を直撃したのだ。病院に直行したが、また網膜剝離を起こしてしまった。緊急手術して入院。1か月以上、野球ができなくなった。高校時代に左目の網膜剝離の手術をしたときの、我慢できないほどの激痛が忘れられなかった。しかも手術後、3、4日、痛みが続いた。もう、あの痛みには耐えられないと、医師にお願いをして手術は全身麻酔でやってもらった。

病室のベッドの上で、さすがに最初は落ち込んだ。

しかし、数日が経過すると、また「なんとかなるさ」と、気持ちをゆっくりと前向きに切り替えることができ始めた。

「ボールがぶつかったことは運が悪かったけれど、高校時代と逆の目だったから、野球を続けることはできる。そう考えたら運はよかったなあ」と、ポジティブに考えることができたのである。もし高校のときに痛めた左目にボールが当たっていれば、おそらくもう野球はできなくなっていただろう。そう考えると運は悪いけれど運がいい。

しかも、これまでなんとなく左右の視力の違いに違和感があったが、両目の網膜剝離を起こしたことで視力のバランスもよくなった（笑）。まさに怪我の功名である。

だが、大学時代の怪我は、これで終わらなかった。

大学4年の2月のキャンプ中に、オープン戦で左膝《ひざ》を痛めた。クロスプレーだった。スライディングをして相手とぶつかったのだ。膝のカタチが変わってしまうほど大きく腫《は》れ上がったが、1か月後にはリーグ戦が開幕するから、長期間休むわけにはいかなかった。痛みを堪《こら》えながら、騙《だま》し騙しプレーして、なんとかリーグ戦を終えたが、痛みがもう限界に達していて7月の末に手術をした。

膝の中を開けると、半月板がぐちゃぐちゃになって腐ってしまっていたそうだ。その手術の影響で、秋のリーグ戦には開幕から1週間遅れで出場することになった。まだ痛かったが、これで最後のシーズンだと思って我慢しながらプレーしていた。しかし、この膝の手術が原因で、ほとんどの球団のスカウトリストから名前が消されていったようだ。ダメならダメで仕方がないと思っていた。それでも野球は続けたくて、社会人野球を進路の有力な選択肢のひとつとして、そのテストも受けにいっていた。

そのときは、「社会人に進んでプロへ」ではなく「オリンピックでのメダルを目指そう」という目標を掲げていた。しかし、ドラフトで中日が5位で指名をしてくれた。担当スカウトの水谷啓昭《みずたにひろあき》さんが、ずっと僕から目を離さずに追いかけ続けてくれた。

後から聞くと星野監督が「守れる内野手を取っておきたい」とスカウト陣に指令して僕の名前が残ったという。

ありがたかった。

嬉《うれ》しかった。

「怪我をして使いものにならない」と判断されて、リストから消されてしまうのが当たり前だと思っていたので、「よく我慢して取ってくれたなあ」というのが本音だった。

もっとポジティブに考えれば、もし怪我をしていなければ、他の球団に指名されて中日ドラゴンズと縁がなかったのかもしれない。運は悪いが運はいい。

高校、大学を通じて厄介な怪我ばかりをした。いつも、その日だけは、地球最後の日くらいに思い切り落ち込むが、次の日になると「なんとかなる」とポジティブに気持ちを切り替えた。逆境に直面しても「なんとかなる」の精神でずっと生きてきた。もしなんとかならなければ、それはそれで仕方がない。

究極の楽観主義。

〝ケセラセラ〟の心の持ちようが、結果、心を折ることなく、次につながったのだと思う。

しかし、楽観主義の僕を襲う試練は、これで終わりではなかった。

僕はプロ生活12年目の春に、選手生命の最大危機を迎えることになる。

一度は引退を覚悟した

右目に最初の異変が起きたのは、２００９年の1月、グアムの自主トレの最中の出来事だった。同行した選手の何人かが、何かの拍子で雑菌を目にもらったのか、目が腫れて結膜炎のような症状になり、グアムの病院に通った。

僕の目も帰国直前になると、なんとなく怪しい状態になった。日本に帰ると、ついに目が開かないくらいに腫れ上がり、激痛に襲われた。あわてて病院に行ったが、治癒するどころか、どんどん悪化していった。沖縄キャンプには行くには行ったが、目も開かないので野球の練習どころではなかった。いくつかの病院で診てもらったが、悪化するばかりで、ついにキャンプ途中に名古屋に戻る始末だった。

シーズン中も肉体的に疲れて、抵抗力が落ちると、その症状が目に出た。視界がぼんやりとくもるのだ。なんとかそのシーズンは乗り切って、そのオフも治療に専念したが、肉体が疲れてくると抵抗力が落ち、目が腫れたり痛くなったりした。

翌年には、さらに深刻な状態に陥った。

急激に病状が悪化したのは2010年の夏前だった。

目の前に真っ白な霧がかかったようになった。視力の低下だけなら、コンタクトレンズなどで矯正すれば何も問題はなかったのだろう。だが、目の前に霧がかかったように真っ白になって視界が閉ざされていったのだ。

ウィルスに侵されて充血した血管みたいなものが、白目から黒目にまで入り込んでくると、視界に霧がかかり白い混濁したようなものが見えてくる。白目の部分で留《とど》まってくれれば、まだ視界と視力は維持できるのだが、それが黒目に進行してくると、真っ白なカーテンのようなものが降りて視界を完全に閉ざすのだ。

進行を食い止めるための投薬をしていたが、特効薬はない。疲れなどで抵抗力が落ちてしまうと病状は深刻な段階に進む。2010年には、ゆっくりと黒目が侵され、ついには全面が覆われた。

視界に真っ白なカーテンが降りてしまったのである。

「これはもう野球をするのは無理だな」

ボールがはっきり見えない。かといって片目でやれるわけでもない。

野球選手にとって走れない、ボールを投げられないという故障は致命傷だ。

膝、肩、ヒジの怪我は、選手生命を左右する。そして、目の異常も、それらの故障と同じくらいの重たいものだった。

野球どころか私生活では車の運転も怖くてできなくなった。

右目の視力を失ったことで遠近感もなくなった。１４０キロを超える硬式ボールは凶器である。僕は恐怖感に襲われた。ボールが見えないのだから怖いのだ。さすがに、これ以上、グラウンドに立ち続けるのは無理だと思った。

再発した夜は一睡もできなかった。朝起きたら、目の状態が少しは回復しているかもしれない。祈るような気持ちで目を閉じたが、夜明けを迎えても、視界を閉ざすように降りた真っ白なシャッターは上がっていなかった。

戦線離脱は、またチームに迷惑をかけることになる。

落合博満《おちあいひろみつ》監督には、伝えにくかった。しかし、誤魔化《ごまか》してプレーできる段階にはない。

僕は監督室のドアをノックする前にひとつの覚悟を固めた。

「目の病気が治らなくて、この状況が続くならば、もう終わりだな」

正直に再発を伝えると、落合監督は、ことのほか冷静だった。僕自身のことよりも、予期もしていなかった僕の欠場で、代わりに誰を入れるのかとチームのことを考えるのに必死だったのだろう。

見えない目で打つこと

病名は角膜ヘルペス。この病気には、これだという治療法はまだ発見されていない。薬は飲み続けていたが、病状の進行を食い止めることはできず、検査に行く度に視野が狭くなっていった。

妻は、いろんな情報を集めてくれた。僕もあらゆる人に相談しながら、目のことならこの先生、この病院と、全国の病院を妻と2人で回った。北海道にも行った。関東はもちろん、四国に九州、評判の病院はしらみつぶしに訪ねた。だが、どこの病院に行っても、診断も治療法も言われることも一緒だった。

「薬を飲むことでなんとか進行を食い止めているんだろうけど、飲まなくなったら一気に失明しちゃうんだろうな」

ついつい弱気になった。

過去に2度、網膜剝離の手術をしているから、普通の人に比べて弱い目だった。角膜移植をすればコンタクトレンズが使えるのではないかと思い、医師に聞いたが、その手術をしたとしても、効果的ではないと言われた。

目が悪かった僕は、視力を回復させるために２０００年頃にレーシック手術を受けていた。僕が目の病気で苦しんでいたとき、その手術が原因なのだと取材もせずに報じるメディアもあったが、レーシック手術とは関係はなかった。

暗闇からずっと抜け出せず、どんどん視界を失いつつあった僕は、ある日、ついに心を折った。

「ああ、もうダメだ。引退するよ。明日、球団に伝えるよ」

自宅のリビングで妻にそう伝えた。

妻は、もう少し頑張れとも、もう無理せずに辞めようとも言わなかった。いつも僕の選択を最優先して尊重してくれる。

その日から1週間は、妻と2人、家の中は沈黙の世界となった。目が見えないからテレビも見ることができない。ただ、ご飯を食べて、眠るだけ……。引退するという決意は変わらなかった。

妻は、何も言わなかったが、あきらめず、一生懸命に全国各地の目に関する名医と言われる人や、新しい病院を必死に調べてくれた。ひとつ行ってダメでも、また次の病院を探してきてくれる。

しかし、どこの病院で検査を受けても、診断も治療法もほとんど変わらなかった。

「どこでも言うことは一緒じゃないか」

僕は半ばやけっぱちになっていたが、妻は決してあきらめなかった。

優しく背中を押された。

「僕の知らないところで、こんなに色々と考えてやってくれてるんだ」

そう思うと、あきらめようとしている自分が恥ずかしくなった。

たとえ、トンネルに出口が見えなくとも一緒に頑張ろう。

妻は、行動で僕にそう思わせてくれた。


引退を決意したはずの僕は、妻の努力に支えられ、いつのまにか、再び練習場に通うようになった。しかし、汗をかいて血流がよくなると、ウィルスの活動も活発になる。練習をやりすぎて疲れると抵抗力が落ちて、またウィルスが騒ぎ出すので何もできない。激しい運動はほとんど禁止されていた。それでも軽く体を動かしておかねばならないと、何かに追われるような気持ちになった。

引退を決めたはずが、どこかに復帰を願う気持ち、野球をやりたいという思いが隠れていたのだろう。二軍が練習するナゴヤ球場の隣にある屋内プールを利用して、泳いだり、歩いたりしながらトレーニングをしていた。

夏休みだった。

プールには、小学生くらいの子供たちがたくさんいた。普段なら、そういう子供たちと仲良く話すようなことはなかったのだが、その頃は、なぜか一緒になってプールで遊んだ。元気一杯の子供たちからパワーをもらったのだろうか。

子供たちの無邪気な姿を見るうちに昔を思い出した。

過去にも2度、網膜剥離をやって失明の危機に直面したことがあった。当時は、「見えなくなっても反対の目があるだろう。なんとかなるさ」という、いい意味でプラス思考にしかモノを捉《とら》えない開き直りの精神があった。

「こういう状況は昔にもあったじゃないか。なるようになればいいし、見えなかったら見えないでやめりゃいい。よくなりゃよくなったでやればいい。1年間は、とにかく我慢しよう。今年が終わるまででいいから我慢しよう」

過去に乗り越えてきた辛い経験が、僕に開き直りという名の勇気を思い出させてくれた。そのうち、なんとかなるさという気持ちを持てるようになってきた。

「今でも埒《らち》が明かないなら、どうせ動いても埒は明かないだろう。あんまり状況は変わらないのならやっちゃえ」と、どんどんトレーニングの量を増やし内容を強化していった。外でもランニングをするようになり、走ることを始めたら、次はキャッチボールをやりたくなった。やはり根っからの野球人だ。

コンタクトレンズを使うことができなかったので、メガネ屋さんと相談して特製のメガネを作ってもらった。そのメガネのおかげで、なんとかキャッチボール程度のボールは見えるようになった。

見えない目で打つこと。見えない目で守ること、それは怖いことだが、置かれた環境に適応していく人間の生命力なのだろう。見えないなら見えないなりに慣れが生まれてくるのである。カンが鋭くなるのだ。

軽いキャッチボールから「じゃあ次はバッティング練習もやっちゃおうか」という段階にまで進んだ。目の症状が劇的に改善したわけではなかったが、気持ちを強く持って練習しているうちに肉体が順応してきたのである。

決して、悲壮感ではなく、どうせ見えないんだから、どれだけできるかと、遊び半分の気持ちで、一歩一歩階段を上がっていた気がする。

9月の中旬ぐらいには、ついに二軍の試合に出られるようになった。

来シーズンに向けて気持ちを切り替えていた。まともに前が見えないから、その状態でいかに打つかということだけを考えていた。見えずに打てるほどプロの世界は甘くない。まずは、この状態に慣れることが大切だと思っていた。ある意味、カンと感性を磨くのだ。

そして僕は、一軍復帰を果たした。日本シリーズにも間に合った。

しかし不安は抱えたままだった。

これを飲めば治るという特効薬はない。

一度はウィルスをやっつけて、病状が回復に向かっても、そのまま同じ量の薬を飲み続けるだけで完治するわけではない。常に病気の進行状態と回復状態をチェックしながら、投薬の量を調整しなければならないのだ。再発の危険性を常にはらんでいて、実際にせっかく薬が効いて良くなってからも、3度、4度と再発を繰り返した。この角膜ヘルペスを病んだ2009年からの3年間は、回復と再発の繰り返しに悩まされた。

次の年も、まだ同じような症状が続き、メガネをかけてプレーしていた。しかし、薬が効いたのか、目のウィルスの侵食も抑えられ、悪化の一途をたどっていた目の状態が、少しずつだが回復の方向へと向かっていた。やがてメガネを外して、コンタクトレンズを装着できるようになった。

つくづく難しい病気だと思った。本当に苦しかった。

奇病というほど稀《まれ》な病気ではないそうだが、決定的な治療法がない。僕がこの病気を克服したことがテレビなどのメディアを通じて報じられると、全国の同じ病気で苦しんでいる人達から凄《すご》い量の手紙や問い合わせが殺到した。

「どこの病院に行っても治療法がないと言われ、苦しんでいるのですが、あなたは、どこでどんな治療をしたのですか、教えて下さい」

ほとんどがそんな内容だった。僕には、そういう人たちの気持ちが痛いほどわかった。

「やっぱり他の人達も僕と同じ悩みを抱えているんだ。本当に治療法がないのか」

そう思うと、いたたまれなかった。

現在は、ほぼ完治して症状が治まっている状況だが、視力は戻らない。薬だけは飲み続けている。ウィルスという爆弾を抱えたままで、爆発しないように用心深く飼い慣らしている感じだ。どこかで薬を飲まなくてもＯＫの状態を作らなければ副作用も心配だ。

小さい頃は視力も含めて目はよかった。

左目にボール当て、右目にボール当てて、両方の目を悪くして、今度は、野球生命を左右する角膜ヘルペスという病気にまで襲われた。

タラレバを語ることはよくないとは思う。けれど、時折、もし目がよければどうだったんだろうと考えることがある。いい目で野球をやりたい。

何度そう願ったことか。今でも、そんな思いが、ふと浮かぶことがある。

しかし、その一方で、こうも思う。

目の怪我がなければ、プロになっていないかもしれなかった。そう考えると、今が、最良なのかもしれない。それも、これも運命だろう。運命に背を向けてはならない。幼い頃から「逃げるな」と両親に教えられた。

現状を受け止め、目を逸《そ》らさない。

そこには必ず新しい運命が開ける。

競争心というモチベーション

プロ野球は、実力主義の競争社会だと言われている。

しかし、実際のところ、本当に競争の中から勝ち上がってポジションを手にする選手は少ない。どちらかと言えば、ほとんどの場合、初めからポジションを与えられ、そこで結果を残して、のし上がっていくというケースだ。

例えば、即戦力のドラフト1位や若手の有望株など、才能とアマチュア時代の実績を認められ、チャンスが与えられる選手が多い。しかし僕の場合、そうではなかった。僕はポジションを与えられた選手ではない。

競争をし続けて奪ったポジションである。

今、振り返ると、それがよかったと思う。

常に競争心というものを意識していた。いや過去形でなく現在進行形だ。

今でも競争心が大きなモチベーションとして胸の内側に存在している。

ベテランと呼ばれるようになった今の敵は自分自身。いかにコンディションをベストに保つか、いかに調子の波をトップに持っていくか。直接的な競争相手がいなくとも競争するという気持ちは失わない。それがなければ長くこの世界では生きていけない。

振り返れば、堀越高校時代も競争だった。

僕は週に一度しか練習しない新造シニアチームの出身だったが、周囲は、シニア時代に全国大会出場経験もある名のある面子《メンツ》ばかりだった。負けたくない。そんな気持ちが強かった。たまたま新チームになるときにショートのポジションに先輩がいなかったためチャンスをもらえたが、「8番・ショート」。

僕らは、その秋、春のセンバツ甲子園切符を手にすることになる。

初めて足を踏み入れた聖地ではカルチャーショックにも似た出逢《であ》いがあった。

後に巨人に入団される松井秀喜《まついひでき》さんとの遭遇である。

開会式が終わった後だったか、始まる前だったか、トイレに行ったら偶然、松井さんと隣になった。思わず見上げた。頭はひとつ、いやふたつ高いところにある。体の横も入れたら、体格はふた回りどころでなく、三回りくらいでかかった。松井さんとは、たったひとつ違いなのに、とんでもないスケールの高校生が全国にはいるのだと、驚愕《きょうがく》した。

そして1回戦の村野工業戦に勝った僕らは、松井秀喜さんが4番に座る星稜高校と2回戦で対戦したのである。

ショートのポジションから見た松井秀喜さんの威圧感は、これまでの野球人生で体験したことのない桁外《けたはず》れのものだった。ただでかいだけという選手は何人かいたが、松井さんはオーラのようなものをまとっていた。

試合は0対4で敗《やぶ》れた。

松井さんにホームランを打たれた。

その打球は、驚いたことに金属バットを使いながら金属バットの音がしなかった。キーンとかカーンではなく、グシャッとボールが潰《つぶ》れるような音がしたのだ。金属のバットの芯《しん》に当たって、金属バットの音じゃない音を聞いたのは生まれて初めてだった。

それ以降も経験はない。「こういう人がプロ野球選手になるんだあ」と思った。

それまではチーム内の競争世界にだけいた井の中の蛙《かわず》が、全国には、とんでもなく上のレベルの選手がいることを知った。松井さんだけではない。同じショートのポジションの選手のレベルが、僕と比べてひとつもふたつも上だった。「負けたくない」という競争意識のレベルも、甲子園出場を機に一段階上がったような気がした。

亜細亜大学時代も、幸いにして入学してすぐに1年からセカンドのレギュラーポジションをもらった。「セカンドに行け！」と内田監督に指令されて、ショートから転身することになった。高校でも一度、セカンドをやるかと言われて、やったことがある。動きはショートと反対になって、バントシフトや一塁カバーなどフォーメーションに参加するプレーが増えたが、そこに面白みを感じて違和感は持たなかった。

1年生からレギュラーポジションを与えられた選手は、チーム内に3人いた。その一人が、僕と1、2番コンビを形成することになる飯塚智宏（NTT東日本へ進む）である。彼とは、いい意味でライバル関係にあって、競争を意識する選手だった。最初は僕が1番で彼が2番、後に彼と僕の打順が入れ替わって、3年秋、4年春の連覇を果たす頃には、その「飯塚―井端」の1、2番が定着することになるが、「奴が打ったらオレも打つ。奴が打たなくてもオレが打つ」。ずっとそんな意識で野球をやっていた。

そしてプロに入ると、さらに激しい競争の波に放り出されることになる。

自分の長所を知って磨く

ルーキーイヤー、僕はキャンプの段階で一軍候補から外れ二軍スタートとなった。守備力を買われてのドラフト5位入団だったが、ショートのポジションには、李鍾範《リージョンボム》と久慈照嘉《くじてるよし》さん（現阪神内野守備走塁コーチ）がいて、僕は一軍枠を争う立場になかった。

しかも、プロ初日に最悪のスタートを切った。大学4年の春にやった古傷を痛めてしまったのである。半月板の手術をしてから半年を過ぎたくらい。まだ完治はしていなかったのだろう。仁村徹《にむらとおる》二軍監督には叱られたが、そう落ち込むことはなかった。即戦力でやれる力がないことは自覚していた。

スタートに出遅れた失望感はなく、むしろ「こんなに簡単に膝がダメになってしまうのか。これはもう一度、身体の芯から鍛え直さないと通用しないな」と、プロで生きていくために必要なものを再確認した。

当時の中日の二軍はレギュラー制だった。全員にまんべんなく機会を与えるのではなく、勝ち残った人間だけがチャンスを与えられる。力がない、もしくは認められない選手は、二軍でさえ試合に出ることができない。僕が狙うショートのポジションには、一軍には、李、久慈さんという2人がいて、二軍にも、鳥越裕介《とりごえゆうすけ》さん（現福岡ソフトバンク内野守備走塁コーチ）がレギュラーポジションを固めていた。僕の上に内野手のライバルが、6、7人いた。レギュラーを奪うためには、一人ずつ、けちらしていかねばならない。

「これは、1年や2年、いや3年でも無理かな」と思った。

一軍のレギュラーという遠くの夢を描く前に、目の前の現実をひとつずつクリアしていかねばならなかった。まずは二軍で試合に出ること。そして、二軍でレギュラーポジションを奪うこと。まずその座を奪わない限り一軍には行けない。

同期の1位は川上憲伸《けんしん》、ヨソの球団の1位指名を見ても、巨人の高橋由伸《よしのぶ》らがいて、大学時代から対戦している彼らの実力がどれだけ上にあるかはわかっていた。しかし、プロに入ってから先は、力の世界だと思っていた。

実力のあるものだけが、のし上がっていける。

まず二軍での競争を勝ち抜くためには、方法論を考える必要があった。やみくもに練習頑張ります！　では、目的は果たせない。

僕は、自分を知ることから始めた。厳しい競争に勝つためには、まず守備だと思った。入団会見で、「目立つ存在でなくてもいいから、渋い働きでチームに貢献できる選手になりたいです」と僕は語った。それは本音だった。

元々、星野監督が、膝に故障を持つ僕をたまたま大学選手権で見かけ、ドラフト指名してくれた理由は「守れる内野手」だったのだ。そこに目をつけてくれたのならば、それが僕の長所である。短所をなんとかするよりも、自分の長所、武器を磨き、そして人とは違うもの、人にないものを作り上げてアピールする。スペシャリストとして生きる。

それがプロで生き残るために考えたことだった。

堀越高時代からそうだった。まず守備に不安がないようにしておかないと、バッティングにも、いい影響を与えない。守備がプロのレベルになれば、あとは365日、打撃に専念できる。まずは徹底的に守備をプロのレベルに引き上げることなのだと考えた。

大学ではセカンドを守っていた。

プロでは怪我人などが出たチーム事情からショートのポジションに指名された。高校以来のショートで、一からもう一度、やり直さねばならなかった。

ルーキーイヤーの後半に、僕は一軍出場のチャンスをもらった。

消化試合ではなく、横浜と激しい優勝争いをしている火のような修羅場に送り込まれた。1998年9月8日の阪神戦。僕は「7番・ショート」でスタメン出場した。

ピッチャーは、ダレル・メイ。第1打席は、もう何がなんだかわからない。極度の緊張でぶるぶると足が震えていた。野球をやっていて、これも初めての経験だった。「ここで失敗したら次がない」というようなプレッシャーではなかった。まるで雲の上にいるような感覚だ。しかし自分がどこにいるかもわからない緊張感は、その1打席目だけだった。3回二死満塁で巡ってきた2打席目には、センター前へプロ入り初安打、初打点を記録して、お立ち台に上げてもらった。

そこから18試合に出場。ショート、セカンドを守り2番でのスタメン出場もあった。それは「来年こそ、一軍定着」の約束手形になるはずだと思った。だが、それは僕の早合点に過ぎなかった。

翌年、即戦力の大型ショートストップとして、ドラフト1位で福留孝介《ふくどめこうすけ》が入団してきたのである。

土壇場で気を楽に持つ方法

鳴り物入りで日本生命から逆指名入団してきた福留孝介の存在は、僕に衝撃を与えた。

キャンプでは、福留と並ばされて、2人で早出、居残りとノックを受け続けた。

内野守備走塁コーチだった高代延博《たかしろのぶひろ》さんには「守備で言えば福留よりおまえが上だ。守りでアピールできればチャンスがある」と言われた。

それでも福留には易しい打球。僕には右へ左へと厳しい打球（笑）。

「高代さんは、ああ言ってくれたけれど、全然違うじゃん、福留一人じゃ可哀想だからやってんでしょう」と、内心反発心を抱きながら猛ノックに走り回った。

福留は、僕より2つ年下だ。1年目からショートでレギュラーポジションを奪った福留は、おそらく10年は安泰だろう。それならば、彼と違うポジションに行った方がいいのではないか。僕は真剣にそんなことを考えていた。

結局、福留との競争に敗れ、オープン戦途中で僕は二軍行き。1999年のシーズン途中に鳥越さんが福岡ダイエーホークス（現ソフトバンク）へトレードとなったため、押し出される形で二軍の試合には出場できるようになった。しかし、プロ2年目は、一度も一軍に呼ばれることはなかった。

力がないことは、自分自身が一番わかっていた。だから「なぜオレを使わないのか」というような上層部への不満はまったくなかった、自分の実力は、わきまえていた。

薄々だが、もう戦力外となっていることを感じ取っていた。

ドラフトの同期入団の白坂勝史《しらさかかつし》（7位、関東学院大）は2年でクビを切られた。

「来年はオレだな」

目の前で、プロの世界の厳しさを見せつけられ、僕は、もうあきらめかけていた。

そのあきらめは、いい意味での開き直りにつながる。

3年目のキャンプインを前に僕はひとつの覚悟を決めた。

「野球ができるのも、この1年だけだ。それなら悔いなくやろう。キツイ練習も、いつまでも一軍に上がれないというキツイ気持ちも、今年だけで終わりなんだから。思い切りやろう」

やめたら、次はどうしようということは具体的に考えてはいなかった。

「クビになったら、クビになったで、そのときに考えればいいや」

綿密な人生設計をマネジメントしなかった。今、目の前の1年に全力投球することが、僕の無鉄砲というか、なんとかなるさの生き様と言えば生き様である。

僕は頭を丸めて、キャンプ地、沖縄に入った。

キャンプでは、スタートからガンガン飛ばした。そういう気持ちになると、練習も置かれた立場のプレッシャーもきついとは思わなくなる。とにかく悔いを残したくなかった。しかし気合が空回りしたのだろうか。肝心のオープン戦は11打席でノーヒット。

振り返ってみると、入団以来2年間は、いずれもオープン戦の中盤になってから一軍メンバーから落とされた。3月の中旬から下旬に必ず東京遠征が組み込まれていて、その遠征メンバーが、開幕一軍の有力候補である。僕は、その遠征から外されるというパターンだった。

入団2年目のキャンプも、一軍スタートだったにもかかわらず、そこをクリアできなかった。結局、二軍落ちを宣告され、シーズンを通じて這《は》い上がることができなかった。実力さえあれば、いつか一軍に呼んでくれるだろうなどという悠長な気でいたら、秋風が吹く季節に自由契約の通告が待っているだけである。もし開幕一軍に選ばれなければ、また1年間は二軍生活。もうやり直しのチャンスはない。

3月の東京遠征の壁をクリアできるかどうかが、僕にとって、この世界に生き残れるか、サヨナラするかの大勝負だった。

しかし、この年も結果を出せずに、ほとんど虫の息だった。

2000年3月5日、西武とのオープン戦だった。

ピッチャーは松坂大輔《まつざかだいすけ》。6回無死一、二塁で、立浪和義《たつなみかずよし》さんに代わりセカンドの守備に入っていた僕に打順が回ってきた。バントを決めるための打席である。

打席に入る前に、星野監督に呼ばれた。

「ここで失敗したら二軍だぞ!」

まさに生きるか死ぬか。指揮官から思い切り重たいプレッシャーをかけられた。

「失敗したら二軍かあ」

ベンチからバッターボックスに歩いていく間に、何度も、その言葉が頭を巡った。

それでも不思議と緊張はしなかった。前述したが、大学時代の入れ替え戦のバントに比べると、失敗の責任は自分自身にかかってくるだけのこと。チームが勝つか負けるかの瀬戸際ではない。しかもオープン戦。しくじってもチームに迷惑をかけるわけでもない。

そう考えると、ずいぶんと気が楽になり、開き直りがほどよい集中力に変わった。

僕は、そのバントを成功させた。続く福留がタイムリーを放った。

今考えると、それは人生の分かれ目のバントだったと思う。

星野監督は、そのまま僕を一軍に残してくれて、大きな壁であった東京遠征にも帯同させてくれた。守備力と「代打のバント」。星野監督は、そういうチームの脇役の戦力として、僕を計算に入れてくれたのである。

スタメンチャンスはなかったが、数少ない打席でヒットを重ねた。確か、4打席連続ヒットを記録するなど、打席の中で集中力が高まり、打てそうな予感がしていた。

運よく開幕一軍に残れたが、それから1か月間は、代走や守備固めが主だった。ようやく5月2日、東京ドームの巨人戦で「2番・ライト」でスタメンチャンスをもらった。実に2年ぶりのスタメン出場だった。

外野は守ったことがなかった。

なりふり構わずである。試合に出ないことには何も始まらない。

高代コーチが、「外野もできた方が出場のチャンスが広がるんじゃないか」と言ってくれて、オープン戦のどこかで少し練習をした程度だった。後から聞けば、高代さんは星野監督に「井端はアマチュア時代に外野経験があるみたいで上手いです」と言ってくれたそうだが、ライトのポジションなど、これまで一度もやったことがなかった。

心の準備はなかった。東京ドームに着いてからスタメンを告げられた。連覇を狙うチームは、4月に9勝14敗と最下位に沈んでいた。準備もないままに、守ったことのない外野で出場することになったわけだが、メンタルは落ち着いていた。

「レギュラーが出てダメだったんだ。どうせオレが出てもダメだから」

そう考えると気が楽だった。

チームは、その時点で最下位。しかも左打者が多く、からっきし左腕に弱かった。

「失敗したらどうしようか、チャンスはなくなるぞ」という悲《ひ》愴《そう》感などなかった。

「自分がどれだけできるか、現時点の能力を試すことができる」

ポジティブに、都合よくそう置き換えた。

土壇場で気を楽に持つ手法でもある。

外野のイロハもわからなかったが、とにかくボールに食らいついて捕りにいった。いきなり初回に清水隆行《しみずたかゆき》のライナー性の打球がライトに飛んできた。足が地面に縛られたように動かず、かなりあたふたした。

しかし、この開き直りの気の持ちようが、よかったのかもしれない。

僕は、その試合で、工藤公康《きみやす》さんからタイムリーとバントヒットで2安打を放ち、チームは苦手な左腕を克服して巨人に勝った。

「これで、なんとかプロの世界で少しは生きていけるんじゃないか」

うれしさよりも、ようやくゼッケンをもらいスタート地点に立てたマラソンランナーの心境だった。続く2戦目にもスタメン出場、桑田真澄《ますみ》さんからタイムリーの中前打を放ち、僕は巨人との3連戦で12打数6安打3打点をマークして、チャンスを続けて与えてもらう土台を作った。

WBCで、なぜ、あそこまで打てたかを細かく分析すると、国際試合での投手の配球や、相手の守備位置の傾向など様々な要因があると思うが、一番は、〝控え〟という立場で出場した心理的要因が大きい。

「そういう立場なんだから期待されていないでしょう」

という気楽さ。レギュラーをつかむきっかけとなった２０００年のゲームでの「気を楽に持つメンタルマネジメント」が活《い》きたのだと思う。

それが井端流のチャンスが巡ってきたときの心の準備。「なんとかしなければならない」と肩に力が入ってしまうと、プレーも硬くなる。いらないボール、特に落ちるボールなどに引っかかりやすい。ほどよい緊張と集中が充満した自然体でいることが一番である。このシーズン、規定打席には達しなかったが、打率・３０６の数字が残った。

翌4年目。オープン戦の途中で、福留が三塁へコンバートされた。僕は「2番・ショート」のポジションを獲得することになる。

だが、それが競争の終わりではなかった。競争して手にしたものは、逆に言えば、手放すのも簡単だ。ずっと守ろうと考えてはならないと言い聞かせていた。

無我夢中の2年が過ぎ、「もっと野球がうまくなりたい」と思った。

競争のライバルは、自分の内側に存在していた。

一から始める野球

僕の野球哲学……まだ「これが正解だ」と語れるものはない。わからないと書いた方がいいのかもしれない。いつか引退して、野球人生を振り返って総括したときに、自分がこうだと決めた哲学が正解だったのか、間違いだったのかがハッキリするのではないだろうか。とにかく今は前を向いて向上心を失わないことだ。

哲学とは違う気がするが、堀越高、亜細亜大時代を通じて守っている考え方がある。堀越高校の桑原監督から教えられた、「一から始める野球」である。

野球は、たった1個の小さくて硬い硬式ボールで行う競技である。全員が、その1個のボールにエネルギーのすべてを注ぎ、守り、打ち、走って、チームの勝敗が生まれる。それらは、すべて「一」という数字から始まる。

「1球」「1打席」「1回」……そういう野球の「一」をひとつずつ大事にしながら丁寧に取り組むことが勝利につながるのだという教えだ。

守備の1歩、攻撃の1スイング、投手の1球、そしてワンプレー。

時間にすれば、ほんの一瞬である。だが、そこで、どれだけ集中するか、ミスなくプレーするかの差が、積み重なって勝敗を決めるのが野球というゲームなのだ。一瞬と1球をいかに大事にしてコントロールするか。

そういう野球の根源的な部分も含めて桑原監督には「一から始める野球」が持つ重要な意味を説明された。

小学校、中学校時代の野球は、何も考えずにただ打って走って守ってという野球だった。堀越に入って、考えること、すなわち野球の奥深さを教わった。最初に桑原監督の言われたことが、「一から始める野球」という野球に取り組む基本姿勢だった。その言葉だけは、ずっと頭に残っていた。

プロになっても、その原点とも言える教えを守って野球をやってきた。いや、今なお、そうしている。それは間違いではないと思って実行している。

亜細亜大時代には、部訓とも言える言葉「走姿顕心《そうしけんしん》」を教えられた。読んで字の如く「走っている姿に、その人の心が顕《あらわ》れる」という意味で、全力疾走を示してる。

一塁への走塁。攻守の交代。すべてのプレーにおいて全力疾走することは、プロの世界でも忘れてはならない言葉だ。僕は立浪和義さんの役を引き継ぐ形で、2004年に中日の選手会長に選ばれたが、その際、チーム全員に「もう一度、全力疾走をしよう！」と呼びかけた。アマチュアもプロもない。野球選手にとって一番大事な姿である。

「休まないこと」がプロとしてのこだわり

プロとしてあるべき姿とは何か。

僕は、「休まないこと」と考えている。

全試合出場、フルイニング出場へのこだわりである。

プロ入り４年目となる２００１年に初めて１４０試合フル出場を果たせた。

２００６年には念願のフルイニング出場を達成している。

フルイニング出場に関しては、いろいろとチーム事情もある。監督の考え方もあると思う。しかし、自分の職業欄にプロ野球選手だと書き込むならば、毎試合出るつもりで準備をしておかねばならないし、実際に出ないといけない。打つ打たないという以前の問題。怪我をせず、極度の不調に陥らず、全試合に出場するというのがプロとしての最低の条件だと思っている。

チームへの貢献とは何か。監督がスターティングラインナップに僕の名前を書き込もうとするときに、怪我や不調で悩ませるような選手であってはならない。チームの勝利に向けて無条件で計算に入る選手でなければならないのだ。

そして、スタンドで背番号6のユニホームを来て応援に駆けつけてくれているファンの皆さまに、その姿を見せなければならないという責任感である。

金本知憲《かねもとともあき》さん（元阪神）が2010年に打ち立てられた1492試合の連続試合フルイニング出場の記録は、今後、塗り替えられることのないであろう偉大なる尊敬すべき記録だ。2006年4月にカル・リプケン・ジュニアの持つ903試合の連続試合フルイニング出場の世界記録を更新されたとき、三冠王や1シーズンに200本を超える安打を打つことも簡単には真似のできない凄い記録だけれど、それ以上に価値ある大変な記録だと思った。これは僕だけではなく、プロ野球のプレイヤーは、みんなが感じていることだと思う。

広島時代に怪我人がたくさん出て、三村敏之《みむらとしゆき》監督がスタメンを組むことに悩んでいて、悩ませないプレイヤーが一人はいなきゃいけないと思ったのが、金本さんの全イニング出場のスタート地点だったという。

金本さんとは、会えばお話をする仲だが、フルイニング出場についての話をしたことはない。しかし、僕と「休まないこと」に対する動機は似ていると思った。

僕のプロであることのこだわりは、「休まないこと」だが、自分で自分が「プロだ」と実感した機会はそう多くない。初めて銀行口座に給料が振り込まれたときも、「プロとして野球で金を稼げた」とは思わなかった。

どちらかと言えば地味な僕は、ユニホームを脱げば、ただの一般人だ。それでも満員のスタンドから大歓声を浴びたときにだけ、その感覚は一変する。「自分はプロだな」と実感できる瞬間なのだ。普通の会社員の方が、何万人もの大歓声を浴びる機会はまずないだろう。

僕は、ルーキーの年の９月にプロ入り初スタメンのチャンスをもらって、その阪神戦でメイからタイムリーを放った。大歓声だった。お立ち台に呼ばれ、ヒーローインタビューを受けた。だが、大歓声を受けて、自分がプロだと実感できたのは、もっと先。レギュラーとしてショートのポジションに定着してからの話だ。僕らはプロの集団だからこそ、お客さんはチケットを買ってスタンドに来てくれるのだろうし、その期待に応《こた》えることができて、初めてプロだと言えるのではないかと思う。

プロの責任、宿命として勝つことが大前提だが、大歓声は、そのプレーやゲームでの感動を起こしたときに共鳴するように鳴り響く。プロは感動を伝えねばならない。

僕自身が、中日ドラゴンズでプレーを続けている中で過去に一番感動した場面は、2004年10月17日、ナゴヤドームで行われた西武との日本シリーズの第2戦で、立浪さんが打った同点スリーランだ。3点を追う7回一死一塁の場面で僕はヒットを打ち、一、三塁にチャンスメークした。

マウンドには松坂大輔。当時は、パ・リーグだけが、プレーオフを取り入れていて、その日程の問題からエースの松坂は第2戦に先発してきた。ガチガチに固くなっていた我々は第1戦に敗れ、続くこの試合も敗色濃厚だった。ホームのナゴヤドームからスタートしたシリーズでの連敗はどうしても避けたい。

その逆境の中で生まれた立浪さんの同点スリーランは、一塁ベース上にいた僕も思わず鳥肌が立つようなものだった。珍しく立浪さんは、思い切り引っ張ってライトスタンドへアーチを描いた。その同点アーチで火がついた打線は一気に逆転。１勝１敗のタイにすることができたのである。

球場の誰もが「打って欲しい」と願う場面で、その期待に見事に応える。これ以上のドラマチックな一打はない。「The Professional」と呼ぶにふさわしい仕事だった。

残念ながら自分自身のプレーでは、「これだ！」と、人に胸を張って語れる感動の場面はまだない。いつか語れるようなプレーを生み出したいと考えている。

プロへの憧憬

小中学生の頃、自宅から歩いて行ける距離に川崎球場があった。

今はスタンドは解体され、アメフットなどのスポーツに多目的に使われる場所に変わってしまったが、川崎球場は、当時のロッテオリオンズの本拠地だった。

初めてプロ野球を見たのも、その川崎球場でのロッテ対阪急戦。確かロッテが仁科時成《にしなときなり》さん、阪急は今井雄太郎《ゆうたろう》さんの投げ合いだったとかすかに記憶している。

まるで自分の庭に遊びに行くような感覚でよく通った。

当時のパ・リーグは、今のような地域と一体となった活性化ができていない冬の時代で、川崎球場は、いつ行っても観客席に人は数えるほどしかいなかった。外野席で流し素麺《そうめん》をしているファンがいて、それがプロ野球ニュースに流れたくらい、のどかな時代だった。僕も、その流し素麺を目撃したことがあった。

ホームランボールも今みたいに奪い合いになることもない。右バッターが入ればレフトスタンドへ、左バッターが入ればライトスタンドへ移動して、ホームランボールを待っていれば、たいてい捕れる。人がいないからボールがバウンドしてから走れば間に合った。

小学校低学年の頃、見ていた4番バッターがロッテ時代の落合さんだった。フルスイングしている印象は受けないのだが、いとも簡単に打球がポーンと飛んでスタンドイン。子供ながらに「簡単にホームランを打つバッターだなあ」と思いながら見ていた。上背は180センチもない人だが、観客席から見る落合さんは、とても大きく見えた。

落合さんとのトレードで中日から来た牛島和彦《うしじまかずひこ》さんには、よくサインをもらった。球場で開催された少年野球教室に参加して、牛島さんとキャッチボールをさせてもらい

「君はボールが速いな」と褒めてもらったこともある。子供心に舞い上がったものだ。

僕は小学校1年で地域の少年野球のチーム「藤崎」に入ったが、6年生のメンバーとも対等にできていた。早めにチームに入ったこともよかったのだと思うが、力的にも低学年の段階で高学年の子たちとの差もそうなかったのだろう。

小学校5年の時に、川崎球場のスピードガンで計測してもらったことがあった。ストレートは100キロを超えた。コントロールのないノーコン投手だったが、ボールだけは速かった。打順は4番である。

憧《あこが》れのプロ野球選手は、年代と共に変わっていった。そこは子供である。

小学校低学年の頃は、僕とは違う左打者だったのだが、巨人の篠塚和典《しのづかかずのり》さんに憧れがあった。小さくて細身だが、広角に面白いようにヒットを重ねる。真似のできない職人技に魅了された。高学年になり、肉体的にも大きくなって自分がホームランを打てるようになると、好きな選手は西武のアーチスト、清原和博さんに変わっていった。

芸術技のように簡単にヒットを打つ、ホームランをどこまでも飛ばす。豊かな才能と個性が、そのままプロ野球選手としてのアピールポイントになっているような選手に惹《ひ》かれた。将来、自分もプロ野球選手になりたいと考えてはいたが、何がなんでも叶《かな》えたい夢として、熱く語るようなものではなかった。

堀越高校時代、間近にいたスーパースターが、井口資仁さんだった。1学年上。井口さんは、同じく都内の國學院久我山《くがやま》だったので高校2年の夏の東京都大会の準決勝では対戦もしていた。同じショートでスピードと守備力を兼ね備えた走攻守、三拍子が揃った別格の選手。目の前で、そのプレーを見て衝撃を受けた。井口さんに憧れて、「一緒に二遊間を組みたい」と最初は青学への進学を希望したほどだった。

高校時代にプロからの誘いはなかった。スポーツ新聞などにはドラフト候補生として名前は挙げてもらっていたが、評価はC。プロは現実世界にはなかった。

亜細亜大進学後は、東都リーグで、青学の井口さんと再び直接対戦した。目の前にいる、お手本の内野手への憧憬《しょうけい》がますます大きくなっていった。

井口さんは、大学生ながら日本代表に選ばれてアトランタ五輪に出場。銀メダル獲得に貢献した。その年のドラフトでは、即戦力の内野手として1位指名でプロへ行った。

大学時代は、オープン戦で対戦した投手らも、軒並みプロへ行き、活躍を始める。幼年期からずっと近くにプロ野球選手がいて、雲の上の存在だった人たちが、どんどん、等身大のプレイヤーに変わり、現実に近づいてきたような気がする。

僕は小さい頃から夢を描いて、そこに向けて逆算のマネジメントをしてきたわけではなかった。よく夢をあきらめるなというが、僕の場合は違っていた。本当に目の前にある目標やテーマをひとつひとつ、こなすうちに、考えもしなかった世界が近づいてきたのだ。

「まえがき」にも書いたが、職人気質《かたぎ》のスペシャリストという人生があっていい。

そのスペシャリストの先にプロの道があると信じて歩んだわけではない。だが、自分の長所を知った上で、人とは違う観点での野球、頭を使う野球、そういうものをコツコツと追求しながら、プロの世界に辿りついたような気がする。

第3章　技術を極める力

ファウルを打つ技術

「井端は追い込まれてからがしぶとい！」

「ファウル打ちが上手《うま》くて空振りが少ない！」

野球好きの中でも特にコアなファンの方に、そう評価をいただくことが少なくない。

実は、このファウルを打つという技術は、「空振りをしない」という原則から生まれたものだ。空振りをしても、バットにボールを当てても、アウトはアウト。

しかし、バットにボールを当てれば、何かが起きると考えている。プロといえども、ゴロを打てば100回に1回くらいはエラーをしてくれる可能性もあるだろう。バットの芯《しん》で綺麗《きれい》に捉《とら》えることができずとも、それが、たまたまヒットコースに飛ぶ可能性もある。もし空振りせずにファウルにできれば、もう1球、チャンスが出てくる。

けれど、空振りをしてしまえば、その時点でジ・エンドだ。

結果的に、三振で終わるかもしれないが、1球でも多く、次のチャンスにつなげたい。

野球は確率のスポーツでもあるから、なおさらである。だから、僕は「空振りをしない」

というバッティングの原理原則に行き着き、それをバッティングのポリシーとしている。

プロ1、2年目の多くの時間を過ごした二軍時代に、仁村徹二軍監督に「繋ぎに徹するための打撃」を徹底的に教えこまれたが、高校、大学時代から、ずっとそういうタイプのバッターだった。意識的に空振りをしないことを実践していた。「空振りをしない」というポリシーから始まって、追求することになったのがファウルを打つ技術である。

亜細亜大時代には、内田監督から「ファウルを打つ練習をしろ！」と言われた。ファウルの重要性を教えられたが、実際に意識してやり始めると、フェアゾーンに飛ばす方が簡単で、狙ってファウルを打つことは難しいテーマだった。

ファウルを打つために、こうすれば正解だというバッティング技術の方程式はない。仁村監督には、バットのグリップから出してヘッドを抜くというような技術を教えてもらった。インパクトの瞬間に右手の力を抜き、バットのヘッドを返さねば打球はファウルになるという理論。だが、それは、あくまでも感覚の世界だ。

バッターは基本的に速いボールに詰まることを嫌う。

「このままだと詰まってしまう」と、感覚的に察知した瞬間に、詰まらないようにと体でタイミングを細工してしまうと、ファウルにならずにフェアゾーンに入ってしまう。僕は、そういう細工をせずに、詰まることを恐れず、通常のスイングと同じように押し込みながら力を入れていく感覚を大事にしている。

ファウルの使い方には色々なパターンがある。

基本はファウルすることを最初から意識せずに狙い球を仕留める。あえて相手投手のウイニングショットを待つために、ファウルで配球を追い込みながら、そのボールが来たときに行くというケースもある。また、追い込まれたら絶対に来るというボールを待つためにファウルで粘るというケースもある。ファウルをしていくうちに「次はこのボール」というものが、自然と炙《あぶ》り出されてきて、そのボールにヤマを張って仕留めるときもある。またファウルで粘りながら、四球で出塁につなげるケースもある。

ファウルで粘ることは、相手投手を消耗、疲弊させる。球数も投げさせることにもなり、気分をイラつかせ、ボクシングのボディブローのように効き、目に見えぬダメージを与えていくことになる。では、意識すればファウルを何球も永遠に打ち続けられるのかと言えば、それは無理である。

ＷＢＣでは投手に球数制限があった。

「井端なら一人で相手の球数を使い切らせることができるのでは？」と冗談半分で聞かれることもあるが、さすがに意識して、そこまではできない。

用心深さ

僕は用心深い。

「このボールが来る」と配球を読んでも、それを１００％信頼してヤマを張ることができない人間だ。心のどこかで、「もしかしたら」と保険をかけてしまう。その用心深さが、基本的に右方向へのバッティングという結果につながっているのかなと思う。

野村克也さんが書かれている本などには、「あっちもあるかも。こっちもあるかも」という保険をかけるような配球の読みは、あまりよろしくないと書いてある。確かに１００％、「ここだ」と思い切って配球を読み、それが結果につながれば、これほど楽なことはない。

しかし、僕は100%配球を読み切ってヒットを打った記憶がほとんどない。あるとすれば「待て」のサインが出ていないカウント3—0から狙い打ちしたときくらいだ。用心深さにはメリットもある。

100%、このボールだ！　と決めつけてしまうと、その狙った球種やコースが来たときに、多少ボール球でも手を出してしまうもの。でも、心の片隅に「もしかしたら」というリスクマネジメントができていれば、スイングせずにバットは止まる。僕は選球眼はそれほどいい方ではないと思うが、用心深さがあれば、ボール球に手を出すリスクを減らすことにつながる。

配球のスペシャリストと言えば、野村克也さんに代表されるようなキャッチャーである。幸いにも、僕の側には、球界を代表するキャッチャーの一人、シゲさん（谷繁元信《たにしげもとのぶ》）がいる。谷繁さんとも、読みのヒントや配球の傾向などについて、たまに話をさせてもらいヒントをもらう。

谷繁さんは、2013年5月6日のヤクルト戦で2000本安打を達成された。キャッチャーとして史上３人目の偉業。42歳での達成は、これまでの41歳５か月の宮本慎也《みやもとしんや》さん（ヤクルト）の記録を抜き最年長記録である。谷繁さんの尊敬すべき点は勝利への執念、執着心だ。とにかく野球に対して妥協を許さない。勝ちにこだわる。谷繁さんの勝負にかける執着心は、僕の野球人としての生き方にも大きな影響を与えてくれた。キャッチャーというポジションのせいもあるかもしれないが、打たれたピッチャー以上にリードした谷繁さんの方が悔しがる。そういう姿を見てきた。野球に賭《か》ける情熱と執念は、チームでも一番だと思う。

１打席の集中力も凄《すご》い。

谷繁さんは、「キャッチャーが考えるのは１００％だから。でも投げるのは投手。あまりキャッチャー目線で配球を読むのは考えものだ」ということを言われる。

結局、キャッチャーがあれこれと考えて、完全に抑えるための配球を練っても、実際に投げて来るのはピッチャーなのだ。ピッチャーの誰もがキャッチャーが要求する配球通りに１００％投げることができれば完全試合ができるだろう。つまりキャッチャーは理想の配球を望むが、現実は違う。ピッチャーは、コントロールを乱すし失投がある。

それが現実なのだ。

そして僕らが勝負するのは、その現実の部分である。

だから、そういうミスを見越した上で保険をかけたがるキャッチャーもいる。

ということは、その配球が裏になるのか、表になるのかもわからない。したがって読みの勝負をする相手は、キャッチャーではなく、ピッチャーでなければならない。

そして、配球を読んでも、その心理までを読み取ることはしなくていい。打席での考え方は、あくまでも自分本位でいいのだ。それが、谷繁さんとの会話の中でつかんだ配球を読むヒントである。

右打ちの極意

人がいないところに打つのがバッティングの極意だと思う。

バッターなら誰でもヒットが欲しい。何でもいいからバットを振っているというバッターは少ないだろう。ピッチャーが、バッターの一番近くで守っているからピッチャー返しというのが基本だ。ゴロで転がすには、一、二塁間、三遊間、一塁線、三塁線のスペースが人のいない場所ということになる。

打線という。

打を線にするには「繋ぎ」が必要だ。

堀越高校では、最初は8番、その後、1番を打ったが、亜細亜大では、途中から2番になった。2番には状況に応じての対応力を求められる。

走者がいなければ出塁。走者がいたら一番の仕事は、クリーンアップにつなげてチャンスを広げること。それが、繋ぎだ。それには工夫が必要になってくる。無死一塁、一死一塁で、スコアリングポジションに走者を進めるには、まず走者の後ろに打球を転がすことが、確率的に高い選択肢となる。いわゆる自己犠牲の進塁打である。

中学生でも教えられることをおさらいすると、走者が一塁の場合は、盗塁などを封じるため、一塁手はベースに付いて投手の牽制《けんせい》に備える。そうなると、ピッチャーの投球と同時に、ベースを離れて、打者のバッティングに対する準備をすることになるので、守備位置につく準備が遅れる。また二塁もケースによっては盗塁に備えるため一、二塁間のスペースが少し大きくなる。そのスペースを狙うこと。すなわち、走者を一塁に置いて、人のいないところに打つのが右打ちである。右打ちの基本理念は、そういうことである。

高校、大学時代から徹底して右打ち、ファウル打ち、つなぎのためのバッティング技術を学んだが、それは技術と呼べる段階のものではなかった。

入団した当時は、バッティング練習で前にボールが飛ばなかった。

プロに入って、0だったものが5くらいには成長した。

10の5だから胸は張れないが、ボールがゲージを出ない段階から5になったというのは上出来だと思う。ドラフトの段階ですでに5の技術と力を持って入団してくる選手はたくさんいる。僕のプロ人生は、本当にゼロからのスタートだった。

プロ入団2年目は、1年間、二軍暮らしが続いた。

二軍監督の仁村徹さんには、僕がプロの世界で生き残る術《すべ》を叩《たた》き込まれた。忘れられない出来事がある。二軍の試合で初回にホームランを放って、ベンチに帰ると仁村監督に殴られたのだ。確かに根拠のあるホームランではなかった。

最初の打席で外角を打って、2打席目に変化球を打って、3打席目にインサイドを読み切って引っ張ったホームランならば、怒られることはなかったかもしれない。だが、初回の打席で引っ張ってのホームラン。

二軍は教育の場。「おまえに必要なのは粘りと、繋ぎ、嫌らしいバッティング。ホームランはいらない」ということだったのだろう。それでもホームランを打って激怒された経験はなかったので、すぐに納得はいかなかった。

後々になって考えると理解できるが、何日かは、「また怒られるんじゃないか」と仁村さんの目に怯《おび》えて金縛りにあったようにバットが出なくなった。バッターにとってバットが出なくなるという状態は最悪だ。

仁村徹さんも現役時代、繋ぎのバッターだったという。

持てる技術のすべてを僕に伝授するという情熱を持って指導してもらった。

バントに失敗して第１打席だけで引っ込められたこともある。

「堀越で練習してこい！」

現在は、二軍が試合をする名古屋市中川区のナゴヤ球場に寮と立派な屋内練習場が隣接しているが、当時は、寮と屋内練習場はタクシーに乗らねば移動できないような離れた西区の堀越という場所にあった。僕は、試合途中にナゴヤ球場を離れ、その屋内練習場に移動して黙々と何時間もバント練習をした。

バッティング練習では、常に「ミックス」と呼ばれる、変化球とストレートを無作為に混ぜ込む形で打たされた。試合での対応力を磨くためである。守備では、僕の一挙手一投足をチェックされ、バッターに背を向けることがあると「観察を怠るな!」と怒鳴りつけられた。あまりに厳しい指導に反抗心もあった。しかし、僕は自分が一軍でプレーする力がないことを知っていた。そこだけは勘違いしていなかった。

身の丈だけは知っていた。

自分の身の丈をプロで通用するレベルに上げるには、まずは守備力、そして、3割は打てなくとも、繋ぎという意味で、チーム貢献ができて、ベンチから信頼の置かれる技術だけは最低限、会得することに全力を投じた。繋ぎのスペシャリストとしてプロの世界で生き残るための術が、右打ちの技術だったのだ。

右打ちをごく簡単に解説すると、ポイントは2つだ。

EDION
中日新聞

①ボールの内側にバットを入れる。
②右サイドにボールを押し出す。

ボールの内側にバットを入れて、ヘッドが返らないことだけに気をつけて押し出すと、もし芯でボールを捉えられなかったときに、ファウルになる。ヘッドは抜くというよりも押し出すイメージだ。

右打ちは「引きつけてヒッティングポイントを近くに」と解釈している人も多いようだが、僕の場合はヒッティングポイントは前に置いている。インサイドを〝おっつける〟というテクニックに関しても、ヒッティングポイントは前だ。インサイドギリギリはファウルになればいい。真ん中付近のボールだと、思うようにバットコントロールはできる。

大学時代から右打ちの理屈はわかっていたが、二軍で仁村さんに徹底的に叩き込まれ、プロ3年目で一軍の試合出場が多くなった頃から実行できるようになった。

WBCでは、その右打ちが効果的だった。

WBCのような国際試合では、ほとんどの投手が初対戦で、ぶっつけ本番である。スコアラーの方から映像を含めてデータを提供していただくが、実際に打席に立ってみないと球筋はわからない。となると、より長くボールを見たいと考える。また配球の傾向としては外角を中心にして組み立ててくる。インコースを意識させてくる投手は、ほとんどいない。しかも昔のメジャーリーグほどではないが、若干、ストライクゾーンも外に広い。右打ちが成功する確率の高まる条件が揃っていたのである。

バッターボックスのラインに張り付いて、真ん中から外の甘いボールを右の人のいない場所に確実に打つ。それだけに集中することができたのだ。

右打ちの際には、バットの角度だけは間違えないように気をつけて打っている。

しかし、「ライナーで」「あえて詰まらせて落とす」などという細かい打球の質までを考えてのバッティングはできていない。本当の職人と言われる人ならば、そこまでできるかもしれないが。僕には、まだそこまでの技量はない。

右打ちと、ファウル打ちに関しては、時折、名人のようにありがたい評価をいただくが、そこまでの匠《たくみ》の極意をつかんだのか、つかんでいないのかというのは、まだわからない。つかんだと思っても、まだ、つかみきれていなかったと思うこともある。

もし、そういう極意をつかんでいれば、ヒットが出続けて、打率で言えば7、8割を打てるだろう。そう考えると、まだ理想の2割程度しかつかんでいない気がする。

右打ちはバッティングのバロメーター

生命線とも言える僕の右への打球は、バッティングの状態を常にチェックする大事なバロメーターでもある。

野球では、よくいい当たりが正面を突くということが起きる。

運がなかった。

ついていない。

その一言で片付けてはならない。

バッティングが狂っている、もしくは狂いかけているときは、バットの芯で捉え、いい当たりの打球が飛んでも、それがセカンドゴロになってしまうのだ。

そういうときは要注意だと思っている。

人のいる場所に打球が飛んで行くということは、バッティングのメカニズムのどこかが狂っているのだ。ボールを捉えるポイントなのか、タイミングの取り方なのか、打撃フォームなのか、バットスイングなのか。

右へ打ちたいから、その意識が強すぎて、一、二塁間に打つつもりが、ちょっとポイントが前になってセカンドゴロになってしまうケースもある。

逆に、一、二塁間を抜けるとか、センター前に行っているはずなのに、ボールを1個入れすぎて、その人のいない場所に飛ばない場合もある。

そういう微調整の狂いが、原因としてある。

人のいる場所に、いくら強くていい打球を打っても捕られるだけなのだ。ライトライナーならばOKだが、僕は、セカンド、ショートに、ゴロでいい当たりが飛ぶときは、嫌な気持ちになる。調子が悪いのではないか？　調子が悪くなる前兆ではないか？　そんな悪い予感がするのである。

たとえ当たりが悪くとも、ヒットコースに飛んでいる方が、打撃の状態は良好だということだ。もっと強い打球を打てていたならば、そこを抜けていくわけで、そうバッティング内容を分析すると、凡退しても気分は悪くない。内容のあるアウトである。

特にサード、ファーストに強い打球が飛んでいるときの方が状態は悪くない。反応ができているという証拠だ。

それが自分の状態を知るバロメーターでもある。

とにかく自分に余裕がないときは打てない。

僕は左足を上げてタイミングを取る。足を上げることにリスクはある。ただ、現在は、変化球の球種が増え、カット系、ツーシーム系と、手元で小さく動くボールが主流になっているので、あのくらいの間がないと、僕みたいな非力なバッターは対応しにくい。タイミングが遅れないように早めの準備を心掛けて足を上げるようにしている。自分の状態がいいときは、自然に頭が働いて、「手を出したら凡打になる。このボールは捨てよう」と、スパっと捨てることができるが、状態が悪いときは、小さく手元で変化するボールにまで手を出している。

何かを意識したところで、いい結果が出るとは限らないのだ。

選球眼については決していい方だとは思っていない、追い込まれながらもファウルで粘っているけれど、意外にボール球に手を出してしまっているときもある。できるだけ長くボールを見ようとは心がけているが、できる限りヒッティングポイントにボールを引きつけてコンパクトに打つんだという意識は実のところ、そうはない。

自分の中で配球を読み、確率を計算して、前で打つ方がヒットが生まれると考えたときは、ポイントを逆に前に置いて打っている。

18・44メートルの勝負

いいピッチャーと対戦するときには心が躍る瞬間というものがある。野球は9対9の団体競技であるが、ピッチャープレートとホームベースを結ぶ18・44メートルの距離で対峙《たいじ》する1対1の勝負でもある。若いころ、特に一線級といわれるエースと対戦するときは、ダメ元で打席に立っていたので、むしろ楽しかったという記憶がある。

ボールの速さというよりも、その切れと、カーブの曲がりに凄みを覚えたのは、全盛期の工藤公康さんだ。

現在、ボストン・レッドソックスでプレーしている上原浩治《うえはらこうじ》の巨人時代も、１４５キロのスピードガン表示以上に打席に立つと速く感じた。いわゆる体感速度である。スピードガン表示はあくまでも数字上のことで、僕らは、この打席での速さにどう対応するかだけを考えているのだが、上原のそれは手元で切れてきた。

上原のウイニングショットは、フォークだった。真っ直ぐと同じタイミングで落ちるから、視界から消えるようなボールだった。追い込まれたら、そのフォークをいかに打ってやろうかということを考えていた。追い込まれるとフォークしか待っていなかった。スライダーが凄かったのは、現在、テキサス・レンジャーズでプレーしているダルビッシュ有の日本ハム時代だ。彼のスライダーはキレも曲がりも超一級品だった。

最近の投手ではどうだろう。

WBCでエースとして活躍した広島の前田健太《まえだけんた》と、楽天の田中将大《まさひろ》の2人が日本を代表する投手であることは間違いない。

幸いなことに広島の前田健太とは、比較的相性がいい。数字が残っているが、こういうピッチャーと対峙したときは、いつも以上に「打ってやる」という思いが強くなる。野球人の本能かもしれないが、何か18・44の距離間にグッとくるものがある。

マー君とは、何年か前の交流戦で対戦したが、フォームが非常にリラックスした状態で投げており、速いストレートに加え、スライダーとスプリットがあって、攻略するのが難しいピッチャーだった。マー君との対戦を前にしても「決め球を仕留める」と気合が入る。好投手の場合、ついつい彼らの最高峰のウイニングショットに気持ちが行く。

まだ、この本の執筆時点では直接対決はしていないが、阪神の藤浪晋太郎《ふじなみしんたろう》、二刀流で話題を集めている日本ハムの大谷翔平《おおたにしょうへい》という高校卒の大物新人が2013年の球界に現れた。将来は間違いなくタイトルを総なめにするような、セとパを代表する投手になるのは間違いないだろう。なって欲しいという願いもある。そういう投手の出現には、心が躍る。できれば、最多勝を獲得するような投手になる前に打っておきたいのだが（笑）。

第4章　継続する力

4人の監督に学んだこと

僕はプロの16年で4人の監督の下でプレーした。

入団時の1998年から4年間は、星野仙一さん、次の2年が山田久志《ひさし》さん（2年目は途中休養のため、佐々木恭介《きょうすけ》監督代行）、落合博満さんが8年、そして、現在の髙木守道《もりみち》監督が2年目だ。

それぞれの監督に、違った野球観と、標榜《ひょうぼう》する野球スタイルがあった。監督が替わったからと言って自分のプレーが変わるわけではないから、あまり監督像というものを気にしたことはなかったが、4人の監督にはチャンスをいただき、野球の視野を広げてもらい学ばせてもらった。

星野さんは、闘将、猛将……と呼ばれていた。

プロ入りする前からテレビで星野監督が乱闘に参加して吠《ほ》えているシーンを見ていた。外から見ていた星野監督のイメージは、まさに闘将で、恐れがあった。しかし、実際、内側から見た星野さんを怖いと思ったことはなかった。4年間、星野監督の下でプレーさせていただいたが、むしろ、高校、大学時代の監督の方が怖かった。

僕は入団したばかりの新人選手。そんな若い選手に星野監督から直接、声をかけてもらったことは、ほとんどないと言っていいほどだった。

「ひょっとして嫌われているのかな」

「自分で気がつかないけど、どこかで何かしでかしたか？」

そんなことを色々と考えてしまうほど、まったく相手にされていなかったのである。

しかし星野さんが監督のときに、３年目くらいからスタメンで多く使っていただいた。その前の年の１９９９年にチームは優勝していた。通常、優勝した翌年は、大規模な補強やメンバーの入れ替えはない。中日も２０００年はメンバーの入れ替えはないと思っていた。

僕が狙っているショートのポジションには福留孝介が収まっていて、不動の地位を確保していた。それが開幕から一軍に置いていただき、92試合に出させてもらった。思い切りのある監督だと思った。僕みたいな選手を使う決断は簡単ではないだろう。次の年は開幕から全試合に出た。我慢強い監督だなと思った。

星野監督を継いだのは、投手コーチとして、3年間、同監督を支えた山田久志さんだった。初めて僕をレギュラー扱いしてくれた人だ。

それなりの成績も残して戦力になれたのではないかという手応《てごた》えが生まれた。前の年は開幕から全試合に出ていて、次の年はやらねばならないと決意していた。星野さんが与えてくれたチャンスを無駄にしてはダメだと思った。

山田さんは普段は優しい。だが、勝負がかかると厳しい指揮官だった。コーチ時代の山田さんとは違っていた。その姿を見ながら「監督は、全責任を負っているんだなあ」と感じることがしばしばあった。

山田さんは、2年目の9月上旬に突然、途中休養となった。まだチームの借金は「2」で、この時点で5位とはいえ、Aクラスは十分に狙える位置だった。突然の人事に「厳しい世界だな」と思った。

星野さん、山田さんは、投手出身。落合監督、髙木監督は、野手出身。僕は、この4人の監督しか知らないが、ピッチャー出身の監督は、野手の監督に比べてピッチャーに対しての見る目が厳しかったような気がする。

落合さんとは長く共にやらせてもらった。合計８年になる。

わかりやすく書けば、落合さんには、野球を教えてもらった。

もうレギュラーのポジションは不動のものにしていたが、そこで満足しているのではなく、プロ野球選手として、もうひとつ上、もうふたつ上のレベルに上げないといけないことを教えられた。落合さんとの出逢《であ》いがなければ、プロとして、もう一皮むけるということがなかったのかもしれない。

落合さんは、１９８７年にロッテから中日に大型トレードで移籍。その後、ＦＡで巨人、日本ハムと移籍して44歳まで活躍された。僕がプロの世界に入ったときは、まだ現役で、日本ハムでプレーされていた。現役中に接点はなく、外から見ていたイメージは「寡黙な人」だったので、監督になっても、おそらくあまり選手とはしゃべっていただけない人かなと思っていた。

だが、キャンプに行くと、そのイメージは一変した。選手とのコミュニケーションを大切にされる人だった。もちろん恐れ多くて僕から話しかけたわけではなく、いつも落合さんの方から話しかけてくれる。そのほとんどが野球の話だが、多くのことを話した。

落合監督の時代、キャンプでの練習時間は長くなり厳しくなった。

それをいい機会だと受け止めた。自分の練習時間をどれだけ有効に使うかを考えて、肉体をいじめることに取り組んだ。年齢も20代後半。もう一度、肉体を鍛え直さなければならない時期だと自覚していたので、タイミングとしても、ちょうどよかった。落合さんとの出逢いが、間違いなく僕の選手生命を延ばしてくれたと思う。

これは有名なエピソードとなっているが、落合さんが監督就任した1年目に新聞に残したひとつのコメントが、僕のバッティング技術を覚醒《かくせい》させるきっかけとなった。

「今日の収穫は井端のサードゴロゲッツーだ」

2004年5月11日、ナゴヤドームで行われたヤクルト戦に3対4で敗《やぶ》れた。しかも僕は2点を追う6回一死一塁のチャンスを5―4―3のゲッツーで潰《つぶ》した。

それを評して「収穫」とはどういうことだろう。新聞記者の方々は「難解なコメントの締めくくりだった」と謎かけのようなコメントを理解するのに苦労したようだが、僕は、そのコメントにカミナリに打たれたような衝撃を受けた。

ランナー一塁で走者を進めるための2番打者の最低限の仕事のセオリーは、走者の後ろに球を飛ばすことである。右打ちだ。けれど、落合監督は、「常識にとらわれるな、相手は、そこに打たれることを意識しているのだから、逆方向にこそスキが生まれる」と言っているのだ。

極論だろうと思ったが、何かの機会に落合監督から「右打ちだけが進塁打じゃない。たまには引っ張ってダブルプレーを打って来い！」と言われたこともあった。

僕のバッティングはワンパターンだったのだ。右も左も両方あれば、バッティングの幅は広がる。落合さんが教えてくれたことで、僕の固定観念は壊された。

実は、その「井端のサードゴロゲッツーが収穫」というコメントの後に、落合監督に詳しい解説を受けたわけではない。後日談はなく、そのコメントの意図を一度として詳しく喋《しゃべ》ってもらっていないのだ。それは落合さんらしい〝自分で考えて理解せよ〟というメッセージ発信の仕方だった。

それ以来、走者が一塁にいて、最低限、打者を進めなければならないケースでも、右打ちだけを意識することをやめた。右か左か。どちらに打った方が確率がアップするのか。相手の配球からすれば、どちら方向に打ちやすいのか。それらから「こっちに打ってやろう」と、打つ方向を決めて打席に立つようにもなった。

打者としての幅は間違いなく広がった。

落合さんには「1番」も「2番」も打たせてもらった。2番の難しさも2番の面白さも教えてもらった。

たいていの監督は、マウンドにわざわざ来るのは、年に数回あるくらいだろう。しかし、落合さんは、マウンドによく来て、ピッチャーに直接、語りかけた。

何をピッチャーに喋っているのかは、あまりよく聞こえないのだが、序盤に投手が大量失点したときなどは「今日はもうええだろう!」と言ったり、「今日はもう怪我だけはしないようにな」というような投げやりなことを言っている。

そう言われると投手は肩の力が抜けて、調子を取り戻したりするのだ。無意識の意識とでも言うのか。落合さんのマウンドに来る行動の意義は大きかったように思う。

ただ、サードゴロゲッツーの一件を除いては、落合さんにはバッティングに関してほとんど何も言われなかった。だから逆に、あの一言が強烈なインパクトになったのかもしれなかった。なんだかんだと、いつも愚痴っているような監督ならば言われすぎてワケがわからなくなるのかもしれない。落合監督から8年間で言われたものは、本当に合計で2つ3つくらいしかないから、逆に印象深く心に留まっている。

落合夫人からの激励の電話

そのひとつが2006年だったか、スランプのときにもらった激励である。

僕はその年、開幕してから不調が2か月間くらい続いた。数字がずっと出なかったときに電話がかかってきた。

出てみると、落合監督の奥さん、信子《のぶこ》夫人だった。

「あの落合でも、現役時代はスランプがあったんだから。いずれよくなるから。我慢、今は我慢よ」

ありがたい言葉だった。

スランプに陥っているのに、落合監督はチャンスを与え続けてくれていた。もちろんなんとかしたいと試行錯誤を繰り返していたが、結果につながらなかった。

申し訳ない。

そんなときに、落合夫人から電話がかかってきたのだ。

励みになった。我慢するしかなかった。いつか、本調子になると努力を続けた。

落合夫人の言われる通りだった。

我慢。

それは、僕の野球人生のキーワードなのかもしれなかった。

我慢することが大事だとわかっているが、それをずっと続けることには強いメンタルがいる。泥沼から抜け出そうと努力を続けて、それなりに確信があっても、結果につながらなければ、それを続けることに迷いを感じる。このままでいいのかと不安を抱き、自信を失いそうになることもあるのだ。そんなときに、こういう言葉を投げかけてもらうことは、このまま、ぶれなくていいのだと勇気をもらうことにつながる。

落合さんのぶれない方針の象徴的な出来事が、２００７年の日本ハムとの日本シリーズにあった。我々は、３勝１敗で53年ぶりの日本一へ王手をかけていた。ナゴヤドームで行われた第５戦で、先発の山井大介《やまいだいすけ》が、８回までパーフェクトゲームを続けていたのである。日本シリーズでの完全試合は球界初の記録だったそうだが、落合さんは、９回に守護神・岩瀬仁紀《いわせひとき》さんに交代。岩瀬さんが９回を見事に３人で抑え、継投での完全試合で日本一の栄冠を手にした。しかし、その交代采配を巡って後々、議論が起きた。

チームにおいて監督は全責任を負い、その指示は絶対である。だから、僕が「もし僕が監督ならば」という意見を書くことはしてはならないと思っている。様々なメディアから質問を受けてきたが、僕は「理由は監督に聞いて下さい」と答えている。交代と言えば交代。続投と言えば続投。あのまま続投して完全試合を成し遂げることができるのか、勝つことができるのか、という保証もない。勝てば、日本一なのだから、交代もある意味妥当だ。いずれにしろ、采配については監督が絶対なのだ。

その後、山井は、２０１３年６月28日の横浜ＤｅＮＡ戦でノーヒットノーランの大記録を成し遂げた。あの日本シリーズの交代劇から６年後の出来事。僕は不思議と、昔のことがフラッシュバックしなかった。

高木監督は、4人の監督の中で、一番、攻撃型の監督である。

「ここは送りバントだろう」と思っていても強攻策に打って出るケースが意外に多い。チームバッティングを全員に徹底させるという野球ではなく、思い切ってどんどん行け！という野球。だから僕も自由に打たせてもらっている。

高木監督は、現役時代、名二塁手として有名だった。高木監督と守備論を交わしたことはないが、僕のポジションをセカンドからショートに戻してくれた。自分の「ショートに戻りたい」というわがままを聞いてもらった。ショートは僕のこだわりのポジションだから、とても感謝している。

2013年5月14日の日本ハムとの交流戦で、7回の中継プレーを巡って、高木監督と僕がもめたと話題になったらしいが、周囲が騒ぐほどのやりとりはなかった。センターへ打球が飛んだときに、「ファーストがカットマンとして中継に入れていなかったときは、おまえが入らなきゃダメだ」と注意されただけのことだ。一部で内紛だとか報道されたことに、僕が一番戸惑っている。

高木監督は気が短いのかもしれないし、逆に長いのかもしれない。まだ1年とちょっとの付き合いなので、ハッキリとわかっていないのだが、プレイヤーとして大切なことはチームの勝利のために何をするかということだけである。

星野さんは、先制点をまず取ってから、次に大量点を狙うというイメージの野球をした。先制点までは堅い作戦を使って取りにいく。

守りを主体に、きっちりとした「1点を守り切る野球」が落合野球。

高木さんは、まず同点より、常に一気に逆転、大量得点という攻めを序盤から狙っている。

それぞれの監督に独自のスタイル、野球観があった。

では、理想の監督像は、どういう人なのだろうか。その正解は、まだわからない。これは僕が勝手に思っているだけに過ぎないことで、偉そうに言葉を発信できる立場ではないが、曲げないこと、ぶれないことが一番ではないだろうか。

監督がぶれると、チーム全体がぶれる。こうすると決めたことはずっとやる。それがなかなかできないし、指導者として凄《すご》いことだと、勝手に思っている。それくらいしかイメージはできていない。いつの日か、高校野球の監督になりたいという夢はあるが、プロの世界で指導者になったらどうしよう、こうしようと考えることはほとんどない。

自主トレには、若い選手と一緒に行く。僕はコーチではないので、グラウンド内で若い選手に教えるようなことはしないようにしているが、自主トレにはコーチがいないので、時折、若い選手に話をすることがある。

僕は、若い選手と接するときに、ひとつのスタイルを決めている。決して「こうしろ」と言わないことだ。やってみて自分が一番いいものを取り入れればいい。

これもある、あれもある、あとは自分で選択しろ。

そういうスタイルだ。

その選手一人ひとりに一番適した感覚がある。肉体的な長所も短所も特徴も違う。能力も違う。その人が一番、動きやすいフォームというものがある。それを最もわかっているのは本人のはずで、周囲の人間ではないのだ。

勝利するチームの条件

僕は、これまで中日ドラゴンズで5度のリーグ優勝、2007年には球団として53年ぶりとなる日本一を経験させてもらった。1999年の優勝時は二軍にいて参加していないも同然だったが、その後の優勝、日本一では美酒を味わわせてもらった。

堀越高校時代にも東京都大会で優勝して二度、甲子園に出場した。

大学では入れ替え戦と2部落ちも経験したが、1部に復帰してからは3年の秋に東都で12季ぶりとなる優勝を果たし、そこから4年の春に連覇を成し遂げた。

優勝の瞬間こそ、野球選手として僕が追い求めてきたものの結実の証《あかし》。最高の喜びとやり甲斐《がい》を感じるクライマックスである。僕のプロアマを通じた優勝経験が、多い方なのか少ない方なのかはわからないが、優勝するチームには必ずひとつの共通項がある。

終盤でミスをしないチームだ。

野球は点取りゲームではあるが、裏返してみればミスをした方が負けという失敗のゲームでもある。前半にミスを犯しても、いいチームは、特に5回以降、ミスがない。ミスのないチームは、相手にプレッシャーをかける。すると相手のミスのほうが目立ってくる。ミスがないチームだと印象付けるだけでも、相手に知らず知らずにプレッシャーを与えている。そうしてさらに、序盤、中盤と得点を重ねれば、相手にあきらめが生まれる。または、終盤にあたふたしてくれる。弱味を見せてくれるのだ。

ヨーイドンで前半にビッグイニングを作って大量点を奪い、早々に勝負を決めてしまうゲームは、年に数えるほどしかないだろう。ほとんどの試合は終盤までもつれる。

問題は、どうすればミスのないチームを作り上げることができるのか、相手にミスのないチームだと印象付けることができるのかということである。

結論から書けば、抽象的な表現になるが、全員が高いレベルで意識を統一して〝きっちりとした野球〟をするしかない。

僕なりの〝きっちりとした野球〟の定義を書くならば、攻撃では相手のスキを見逃さずに、狡猾《こうかつ》にひとつ前の塁を狙う。緻密《ちみつ》さを第一義に置き、一人ひとりが、自分の打線における役割を知り、エゴを捨ててチーム貢献を考える。そして、守備における仕事を知り、ひとつ先の塁を渡さず、ファインプレーはなくとも、アウトにできる打球は確実にミスなくアウトにする。

昔話で恐縮だが、亜細亜大時代には、いかに1点を防ぐかという野球を徹底した。点を取られなければ負けない。どうやって1点を取るかに目を向ける前に、まずは失点しないことである。それが勝てるチームへの近道。その積み重ねが接戦で勝てるチームに成長していくことになる。

チームには決め事があった。

先頭打者を出さない。もし出したとしても、盗塁をさせない。送らせない。ありふれた基本だが、1点を取られないための鉄則である。特に先頭打者を四球やエラーで出すことや、盗塁、バントという戦術は防げるものだ。それでも、スコアリングポジションに走者を進められたなら、外野へのヒット1本で生還させないような守備隊形が大事になってくる。

1点を失わない野球ができた時点で、次は1点を取ることに集中した。

ノーアウトで走者が出たら、どこかで一個、次の塁を奪うこと。特に「一死三塁」というシチュエーションをどうすれば作ることができるかを考えた。一死で三塁に送ることができたなら、次はヒット無しで1点をどう奪うかである。

僕らは、内野ゴロで1点を奪うための三塁走者のスタートの切り方を徹底的に学び、反復練習をした。一死三塁から外野への犠飛や、スクイズバントというものは、打者の立場からすれば簡単ではない。それよりも、とりあえずバットに当てて転がす方が簡単だ。ならば、そこでどう得点に結びつけるかを考えると、三塁走者のスタートなのである。僕らは、これらを試合で100回やって100回成功するまで練習を積み重ね、精度を高めた。

そういう〝きっちりとした野球〟を攻守にわたって、1イニング1イニング積み重ねて行けば、相手チームの選手は、徐々に嫌な感じがしてくる。

それを勢いと呼ぶのかもしれないが、野球には、この勝負の世界特有の〝嫌な感じ〟というものがつきまとうもの。1人が、その〝嫌な感じ〟を覚えれば、2人、3人と伝染していくのだ。ましてピッチャーが、その〝嫌な感じ〟を持てば、それがピッチングに影響を与えて、自然とチャンスが、こちらに転がってくる。

逆に、そういう〝きっちりとした野球〟のできるチームを相手にすると、守っていても、「なんか、やられそうだなあ」という〝嫌な感じ〟が伝わってくるものだ。

しかし、野球において、やれることをきっちりとやるということは実は簡単そうで、一番難しい。ペナントレースは長い。年間を通じてチームの集中力とモチベーションをマネジメントしていかねば、そういうチームを作り上げることはできないだろう。開幕だけよければ、シーズンの終盤だけよければという考えでは、ミスのないチームは生まれない。集中力を継続、維持していく必要がある。

確かに終盤になればなるほど、優勝争いに参戦しているチームには「勝ちたい」というモチベーションが高まってくる。8、9月は接戦が増えてくる。なおさら、終盤でのミスが命取りになり、逆に、そこで〝きっちりとした野球〟をするチームが、優勝へ近づいていくことになる。

第5章　信念を貫く力

家族というかけがえのない力

妻の明子《あきこ》との出逢《であ》いは、僕の人生を大きく変えてくれた。

僕は2008年の12月にテレビ朝日のアナウンサーだった河野《かわの》明子さんと結婚した。年齢も年齢。晩婚だった。彼女はテレビ朝日の局アナとしてスポーツの取材をしていた。しかも中日ファン。僕らは、その取材を通じて知り合った。彼女も元ラクロスの日本代表選手でスポーツウーマン。アスリート同士、何か通じるものがあったのかもしれない。

もし妻との出逢いがなく、気ままな一人暮らしを続けていたら、今、ナゴヤドームに立っていないだろう。思えば危なかった。僕は一度は引退を決めてしまっていたのだから。

結婚を機に僕のライフスタイルはガラっと変わった。規則正しい生活を送ることができるようになって無茶をしなくなった。お酒もそう。食生活もそう。睡眠時間もそう。若い頃は疲れ知らずだが、肉体的にも、ちょうどきつくなる時期だった。結婚を機に上《う》手《ま》い具合に妻のおかげで、規則正しい生活を手にすることができた。

前述したが、妻の応援と努力のおかげで、心を折ることなく、目の治療に専念して現役を続けることができた。

夫婦間で特に決めているルールなどはない。肩肘張って「野球の話に立ち入ってくるな！」と僕も言わないし、妻も、特別、僕に野球の話をふってくることもない。

あくまでも自然体の2人だ。

それでも、もし夫婦がうまくいく秘訣《ひけつ》は何かと聞かれれば「男は、黙っていろ！」と答える。何を言われても、僕は「はい、はい」と、素直に言っている。

ただし、黙っているということは、相手の言うことを聞いていないということとは違う。そこは勘違いしてはいけないと思う。

僕は、妻の話を絶対に適当に流さない。

ちゃんと耳を傾けて「これは適当に流しちゃいけないところだな」と思ったら、真剣に考える。それ以外のことは、全部、妻に任せておけばいいだろう。

妻は、結婚を機にテレビ朝日のアナウンサーを辞めたが、それも彼女が自分で決めたこと。僕は辞めて主婦業に専念してくれとも言わなかった。妻の考えを尊重することも、本来他人である2人が夫婦として生活する上で大切なことだと思っている。

だが、妻には結婚してから、あまりいい思いをさせていない。

ちょうど結婚した直後から目の病気などがあって苦労ばかりをかけている。本当に申し訳ないという気持ちがある。

2011年7月に、僕らは子宝に恵まれた。

長男の名前は巧《たくみ》である。

僕が地味な職人肌の選手だから、巧と名付けたと思われがちだが、まったく関係ない。命名に関しては、僕はノータッチで、嫁が考えた。3つ候補があって、「呼びやすい名前がいいんじゃないか」と、まず呼び方から「たくみ」と決まり、続いて漢字をあてはめた。最初は、他の字を用意していたが、運勢的に画数がよくないということで、画数が素晴らしくあてはまっている「巧」となった。

息子が生まれたことは、僕に間違いなく父としての責任という新しいモチベーションを与えてくれた。

巧と一緒に遊ぶことは本当に楽しい。ただ、あまり楽しすぎて野球だけに集中できない。痛し痒《かゆ》しの悩みである。遊んでいる瞬間は、本当に他のことはすべて忘れられる。オン・オフの切り替えとしては、最高のリフレッシュの時間に違いないのだが。

僕の父親は船乗りだった。朝早くに家を出てしまうので、子供の頃はなかなか一緒に遊んでもらえなかった。そういう幼少期の環境があったから、なおさら息子には、同じ思いをさせたくないと考えているのかもしれない。

僕が遠征でいなくなったりすると、巧はすごく悲しそうな顔をする。

せめて本拠地の名古屋のゲームのときは遊んであげたいのだ。

息子は、おそらく僕の職業がプロ野球選手であることはまだわかっていないだろう。僕のプロ野球人生は、この先、そう長くはないし、引退してもまだ息子は小さいだろう。プロ野球選手の姿を、その息子の目に焼き付けておきたい、とまでは考えていない。

「将来は野球の選手にしたいですか？」

いろんな人によく聞かれる。

とりあえず野球に興味は示している。毎日のように子供用のバットでバッティングをしている。野球をして遊ぶことが大好きだ。

僕の職業に興味を持ってくれるのは嬉《うれ》しいが、子供だから当然、野球以外にも好奇心を持っている。その中で野球をするかどうかは、息子が自分で選択、決断するもので、親が決めることではないと考えている。

野球を好きになってやりたくなればそれでいいし、他のスポーツ、いやスポーツだけでなくとも、他にやりたいものが生まれてくれば、自分で決めて、その道へ進めばいいだろう。父親として、息子の頑張りを応援するだけだ。

ただ本音を言えば、野球は選ばないでくれという親の複雑な気持ちもどこかにある。

自分の歩んできた道を振り返ってみれば、プロの舞台は華やかに見えるだろうが、高校野球や大学野球の練習や生活も含めて、本当に厳しいものだった。同じ思いを息子にはさせたくない。

その厳しさに耐えて頑張れる気力と体力、エネルギーがあるなら、別の方面にぶつけて欲しいという願いもある。息子に自分みたいな苦労をさせたくないと思うのは、プロ野球選手だからこその親心なのだろう。

〝曲げない〟というスタイル

僕の貫こうとしている人生のスタイルは、〝曲げないこと〟だと思っている。

自分でこうだと決めた流儀は、極力、曲げないようにしている。

「明日は、こうする」

「今日は、こうする」と決めたことは曲げずに通す。

だから、何も考えず何も決めずに、行き当たりばったりで、その日のゲームや練習に臨むことはしない。もちろん、ゲームになれば、予期せぬことが襲ってくるので、行き当たりばったりで対処しなければならないこともあるのかもしれないが、今日、明日をどう生きるかは、ある意味計画的だ。

寝る前にベッドにゴロンとしてから、明日のことを考える。

キャンプ中にもシーズン中にも共通することだが、こうやって打つと決めたらそのようにやる。こういう練習をするとテーマを決めれば、それを曲げない。そして、それがたとえ結果につながらなくとも、自分で納得するようなものであれば、また次の日も継続してやろうと思うのだ。

例えば、昨日（2013年5月22日の神戸でのオリックス戦）のバッティングは悪くなかった。だいぶ自分のイメージと実際の打席でのスイングのズレがなくなってきたなという感覚はある。結果はどうあれ、内容には納得がいっている。昨日のように打てば、ヒットはどんどん出てくるというイメージが生まれてきた。その感覚だけを忘れずに行けたらいい。それを曲げずに我慢して継続することが大事なのだ。曲げないということは、我慢という言葉と似ているかもしれない。

僕は、ナゴヤドームでのホームゲームでは、まず球場入りすると、風呂《ふろ》にゆっくりと入る。身体を温め、筋肉を柔らかくするのだ。

曲げずに守っているルーティンワークもある。

その後、グラウンドに出てスパイクを履かずに靴下だけでランニングをする。僕は、足の裏がすぐ張ってしまう癖がある。スパイクを履かずに走ると、そこが刺激されるので、足元からほぐれてくる感覚を持てる。

2年前から始めたスタイルだ。それまでは、あまり疲れを知らなかった。35歳の節目にやり始めた。早めに体を動かして、その日のコンディションをチェックするという目的もある。自分の身体に「今日はどんな感じだ？」と聞く作業だ。

練習で汗をかく前にお風呂で汗をかくのは、どうなんだろう？　と疑問を抱く人もいるだろうが、このスタイルを決めて、それをルーティンワークにしてからは、逆にそうしなければ気持ちが悪い。スタイルを曲げないとはそういうことだ。

酒もまったくと言っていいほど飲まない。

目の病気を抑える薬を今も飲んでいるので、医師からはアルコールの摂取はよくないと注意されている。副作用が起きる可能性が高まるのだ。

遠征先では外食に出掛けることもあるが、そのときも、ビールで乾杯はせずにウーロン茶。若いときは飲んでいたが、今はオフシーズンも酒を飲まない。これも、一度決めたことをめったに曲げないという僕の流儀かもしれない。その禁を破ってしまえば、際限がなくなってしまう気もするし、酒を好きなように飲むのは引退してからでいいではないかと、自分に言い聞かせている。

ただ、ＷＢＣのときは、宮崎合宿での焼肉屋での打ち上げを含めて２度ほど飲んだ。目も身体の状態もよかったし、まだ練習期間中ということもあった。何より、「自分は飲みません」と我を通すことで、チームにできつつある和を乱すのではないかと思った。時には個より和、団結というものを大事にしなければならないと考えての結論だ。

引き際の美学

そろそろ40歳に手の届く年齢になった。40歳は不惑と呼ばれる年である。ひと昔前ならば、40歳を超えて現役続行など有り得ない話だったのだろう。しかし、トレーニング方法の進化や自己管理の徹底などで、その年齢になっても第一線でプレーする選手が生まれてきた。

その代表選手が、僕の側にいる。今年48歳になる山本昌広《まさひろ》さん、45歳になる山﨑武司《やまさきたけし》さんの2人は、これまでの球界の常識を超えた域に突入してプレーされている。山本昌さんは41歳でノーヒットノーランを記録。今季もローテーションに入って、通算勝ち星を216勝まで伸ばした（2013年7月4日現在）。

お二人の活躍を見ていると、プレイヤーに年齢など関係ないとも考える。年齢からくる体力の衰えは、例えば僕のモットーとするポジショニングなど頭を使うことで十分にカバーできるだろう。40歳を超えてプレーすることは現実的だ。

だが、この年齢になるとプロとして、その引き際について、いろいろと考える。現役に対して、そこまでの執着心はないけれど、ショートというポジションへの執着心だけはある。

２０１３年のＷＢＣでは、代打、ＤＨ、ファーストと、色々な役割をやったことで「井端の選手寿命が延びた」というような記事が出たらしい。つまりショートのポジションでスタメン出場ができなくなっても、生き延びる選択肢が増えたということなのだろう。だが、僕自身は、ＷＢＣを終えて、そんなことは思ってもいなかった。

選手寿命が延びたと感じるどころか、むしろ逆だ。

ＷＢＣでは当初、補欠扱いだった。出られれば儲《もう》けものと思って参加した。ＷＢＣの侍ジャパンと、ペナントレースを戦う中日ドラゴンズは別のもの。日本代表チームでは代打で生きたから、今後、プロとしても、ああいう生き方が将来あるなどとは思っていない。

もしショートのポジションにダメ出しをされたときには、辞めるつもりでいる。

現実問題として、セカンドや、ファーストやサードなどへのコンバート指令が舞い込んだとき、僕は迷わずユニホームを脱ぐ気でいる。代打一本で勝負する気持ちはサラサラない。

僕流の引き際の美学と言えば美学だ。

僕はショートのポジションでプロ入り4年目にレギュラーになった。

その後、落合さんが監督に就任したときに「セカンドへ」というコンバートの話があった。「せめて30歳になるまでは、このままショートのポジションで行かせてくれませんか」とお願いして、一度、保留となっていたのだが、2010年から2年間はセカンドへコンバートされることになった。おそらく落合さんは、守備への負担をちょっとでも少なくしてやろうと考えてくれたのだと思う。

しかし、セカンド時代は、野球が面白くなくなっていた。ショートから見る景色とはまったく違っていた。ショートというポジションは、絶対に動かないとアウトにできない。しかし、セカンドは、一塁との距離が近いから、多少、打球を待っていてもアウトにできた。そういう意味で緊張感やスリルというものがなくなってしまった。

髙木監督からは、就任と同時に「ショートをやらないのか」と尋ねられた。何かの機会に会ったときの話で、それ以上、深い問答はなかったが、「監督はショートへのコンバートを考えてくれてるのかな」と察知はできた。2012年の年が明けると、僕は、直接、髙木監督に「ショートにコンバートして下さい」と訴えた。

やはりショートというポジションにはこだわりがある。

ショートでダメだということは、プロとして使えないということ。それであれば潔く辞める。実は、僕はあきらめも早い。意外にスパスパッと決断をしてしまうタイプだ。行けると思ったらとことん行くけれど、ダメだと思ったら案外と踏ん切りよく辞められる方なのだ。

野球はスタメンで出場してこそ、プロとして価値のあるものだと思っている。それを僕の野球哲学とまでは言わないが、自分には、本来代打が向いていないのはわかっている。僕は4打席の中で結果を出すタイプだ。そう考えるとなおさら厳しい。

ドラゴンズにはもちろん、育ててもらったという恩や愛着はある。名古屋のファンも、名古屋の街も大好きである。しかし、プロは契約社会でもある。

いらないと言われれば、それまでだ。

生涯中日でプレーができる保証などなく、僕もプロとして割り切って考えている。

5年前にFAの権利を得たときも、他のどこかの球団から欲しいという話があれば、どうなっていたかはわからなかった。たまたま、そういう話がなかっただけのことである。球団は、5年という長期契約をオファーしてくれたが、その年数を僕が望んだわけではない。年俸は変動制で、成績に応じて契約更改を行うものだから、実質は単年契約と同じだ。毎年、毎年、勝負をかけている。

2013年は打率が2割を前後する低迷が続き、その不振が理由でスタメンを外れたこともある。しかし、そのことから引退は連想しない。今は、自分のやることをやるしかない。今さら焦ってもしょうがない。今季に限っては、WBCの影響もあって調整不足で開幕を迎えてしまった。そのツケを取り戻すのに予想以上に時間がかかっているだけだ。

2000本安打も見えてきた。だが、2000本安打というものへの〝こだわり〟はない。記録や数字のために野球をやっているわけではない。辞めた後に何本打ったかと

6

いう軌跡が残るだけでいいと思っている。ただ、それは、プロ野球の世界で自分のスタイルをとことん貫いた証《あかし》と言えるのかもしれない。

まだまだ、若い選手にショートのポジションを明け渡すつもりはない。なにしろ僕がこの世界で生き延びるための原点とも言える競争心は失っていないのだから。

高校野球監督という夢

僕は、現在、プロ野球選手会（一般社団法人）の理事長の仕事を任されている。労組の会長は楽天の嶋基宏《しまもとひろ》が務めていて、僕の役割は、主に野球界全体の発展に寄与する方面の仕事だ。性格的に、そういう役職には向いていない人間だと自覚していたが、球界再編のプロ野球の危機が起こった2004年から中日の選手会長をやってみて、「もっと野球界がよくなって欲しい。もっと野球ファンに喜んでもらい、新しいファンを獲得するために改善できるところがあるのではないか。野球界発展のためにすべきことは何か」と考えるようになった。

2013年に大きな動きがあった。プロアマの間にあった厚い壁が解消されたのである。これまでは、プロの世界に一度でも足を踏み入れた人が高校野球の監督になるには、教員試験に合格して、しかも２年間、教師生活を経験した後でなければならないという高いハードルがあった。

しかし今後は、プロアマのそれぞれの機関が設ける研修を合計３日間受けるだけで、高校生（大学生）への指導が可能になる。プロアマ問題氷解への大きな大きな第一歩。理事長として「よかった」と心から思う。

プロ野球のＯＢが、母校や高校野球界に技術だけでなく、野球の面白さを伝えていけば、間違いなく日本野球のレベルの底上げにつながると思う。

僕も引退したら、まず、このアマチュア指導者資格回復のための研修を受けたい。いつの日か母校の堀越高校野球部の監督に。それが僕の夢である。

前述したが、プロなどまるで頭になかった大学進学時に、堀越高の桑原監督から「大学に行き、将来は監督として戻って来い」というお話をいただいた。母校の監督になることは自分にとっても夢だった。しかし、プロのユニホームに袖を通してしまった以上、従来ならば教員試験を受け、２年間の教員生活を過ごさねば監督にはなれない。その条件では実現は難しかっただろう。それが規約の改正で、夢が夢で終わらない可能性が生まれた。

高校生というのは難しい思春期である。

肉体が成長し、大人だと勘違いし、世の中の広さを感じ始める年代だが、野球人生の分岐点となる3年間でもある。甲子園を狙えるような強豪校には全国から「4番・ピッチャー」のお山の大将が集まってくる。だが、挫折して、せっかくの才能を潰してしまう選手も少なくない。理不尽な間違った練習で、腰痛や肩痛などの故障を引き起こしてしまう選手もいるだろう。

野球にはスペシャリストという道がある。より効率的に野球が上達する正しい練習方法を教え、あるときは厳しさも交えて鍛えながら、あらゆる方向に自分の可能性があることを伝えてあげたい。次への一歩を踏み出す手助けができればいい。

そして、野球技術の上達だけではなく、人間的にも社会に出て通用する人材を育てていくということを忘れてはならない。高校野球の監督になるということは、人の人生を預かるということ。それには相応の覚悟も必要だろう。

まだまだ先の、いつの日か、というレベルの話だが、僕がこうやって未来を語れる時代が来たことは、日本の野球界にとって素晴らしい前進だと思う。

時事

井端弘和　vs　荒木雅博

アライバ対談

究極の連係プレー

――「アライバコンビ」の守備論、1、2番論について、対談という形式でお二人の考え方を聞かせて下さい。テレビの好プレー集で必ず使われるのが、セカンドの荒木さんが、二遊間に飛んだゴロをショートの井端さんにトス、井端さんが一塁へ送球してアウトにするという究極の連係プレーです。これは、打球が飛んだ時点で、お二人の中でイメージできているものですか。

井端　打球が荒木のところに飛んだ時点で「セカンドゴロ、アウト!」というのが、イメージできています。後は、荒木がトスをしてくるか、してこないかだけですから。あういうプレーに関しての主導権は荒木が握っています。

荒木　二遊間に打球が飛んだときに井端さんは、間違いなく僕の視界の中にいてくれるんです。ボールを追いかけているときに井端さんが見えているんですよ。自分で捕って投げてアウトになると判断すれば自分で行きますが、「ああこれは無理だ」と思えば、井端さんが、そこに絶対にいてくれるんです。僕が捕球したものを井端さんにトスしてアウトにしてもらうというプレーは何度かありましたよね。ああいう機会だけではなく、常に井端さんのフォローがあるのでアウトにするプレーがイメージできるんです。

――スーパープレーが実現するのは、いわゆるゾーン体験のようなものでしょうか？

井端　いえ、それはないですね。守備でのゾーン体験はないような気がします。「この球が行ったら、打者はこう打って、こう飛んでくる」とイメージして、ポジショニングを変え、その通りに飛んできたことはありますが、それがゾーンかどうかは。

荒木　そういう意味では、あの連係プレーはゾーンではないですね。

井端　ただ、バッティングの方では、こういうのがゾーンなのかなというのはあります。あまりよく覚えてないですが（笑）、ボールが止まって見えるとか、ボールがスローモーションに見えるとかの感覚ではなく、自分では理解、分析が後でできないくらいの反応で打ったという打席でしょうか。打った後に「あれ？　今のどうやって打ったんだろう」と、自分でも不思議なほど自然に体が反応してしまうことがあるんです。ここ一番というときや、逆に「集中できていない」と感じているときにも、そういう現象が起きることがあって、ゾーンと言えばゾーンなのかなと振り返るんですが。

——お二人は、そのシーズンで最も守備に優れていた選手に与えられるゴールデン・グラブ賞を2004年から6年連続で受賞されています（井端は2012年にもショート部門で受賞）。そのスペシャリストが考える守備で一番大事なものは何でしょうか。

井端　形がどうであれアウトにすることです。シンプルですが、これは絶対です。バッティングの結果というのは、自分に跳ね返ってきます。でも、守備のミスは、自分ではなく、投げているピッチャーや、チーム全体に関わってくること。当たり前ですが、捕れる範囲に飛んできたゴロは、絶対にアウトにすることが最も大切なことだと思っています。

荒木　僕も井端さんと同じ考えですね。はい。

井端　若い頃は、そういう原点を忘れがちだったのですが、自主トレなどでいろいろとピッチャーと話をする機会が増えてくる中で、確実にアウトと思った打球をエラーされることのダメージが、僕らが想像する以上に大きいとわかったんです。ピッチャーは、ヒットは割り切れるが、アウトになるべき当たりがアウトにならないと、なかなか切り替えられないらしいんです。となるとファインプレーよりも確実性なんです。

荒木　ひとつのミスが試合の流れを変えてしまいます。井端さんの言われる通り確実にアウトにできるところをアウトにすることが大切だと思います。

――二遊間での集中力の高め方というのは、どういうものでしょうか？

井端　確かに集中力というものは大切ですが、１回から９回までガーッと目を皿のようにして集中して守っていても持たないものです。それが１４４試合という長いシーズンとなると、なおさら持たなくなるんです。集中し過ぎることが、かえって逆効果となって、大切なところで集中力を欠いてパフォーマンスを落とす結果になることも少なくありません。ここぞという場面と、そうでもない場面の使い分けのマネジメントが、実は重要だと思っています。ここぞという場面でないところでは、「まあ、アウトにすればいい」と比較的リラックスしたメンタルの状態で守っています。１００％の力をいつも出す必要はないんです。状況に応じて、そのオンとオフは、しっかりと使い分けないとダメだと思います。

荒木　長い間、井端さんと一緒に二遊間を守っていて、そういうところを勉強させてもらっています。実は僕は、全部が全部、集中して行こうとするタイプなんです（笑）。

井端　（笑）。

荒木　若い頃は、全球、全打席に集中して行こうというのがありました。しかし井端さんを見ていると、どうもそうでもない（笑）。なのに飛んできたボールは全部アウトにする。その凄《すご》い確実性は、どこから来るんだろうと見ていると、確実性の中にも井端さんが語られたように集中したものとリラックスしたものがあるんです。あるときから、それに気がつき、僕も、その方法を学ばせてもらっています。

井端　そんなとこを見てたんだ？

荒木　とにかく集中しているときには、「え？　なんでそこを守ってんですか？」というポジショニングをされていますよね。忘れられないのが、球界ナンバーワンの足を誇った阪神の赤星憲広《あかほしのりひろ》さんを封じ込めたプレーです。確かサードの横をすり抜けるくらいに三遊間の深いところへゴロが飛んだんです。赤星さんの足を考えると打った瞬間にセーフだろうなと思うような打球ですよ。ところが井端さんは、前もってそのポジションをケアしていて、本来ならば余裕で内野安打になるはずの打球をアウトにしたんです。ヒットを許すと同点となってしまう大事な場面でのプレーでした（２００４年7月16日の阪神戦での7回、4対3で迎えた二死二塁）。こういう場面では、凄い集中力を出しているんだろうなと思いました。

井端　（三遊間か二遊間かの）両方を追ってもしょうがないですし、それを意識してしまうと両方抜かれてしまうものなんです。配球やスイング、状況、それに僕のカンを加えて予測して大胆にポジションを取る。予測した側と逆にボールが飛んで来たら「もうピッチャーの責任だよ」くらいに割り切って守らないといけないバッターがいるんです。例えば、俊足のバッターの場合、三遊間の深いところがたいていセーフになる。それならば、二遊間は本来ならばセンター前へ抜ける打球を捕るつもりでポジションを取るんです。それは特別なケースですけどね。逆に赤星選手のときのように、あえて三遊間を読んで捕りにいく場合もあります。

華麗なプレーはいらない

――守備についてはレンジファクター（アウト寄与率）という指標があって、どれだけアウトに寄与したかが数値化されています（（刺殺＋補殺）÷守備イニング数×9で計算）。つまり、いかに守備範囲が広いか、ヒットになりそうな打球をアウトにしたかという指標で、井端さんは、その数値が非常に高い。その話を聞くと理由がよくわかります。

井端　でも決していいプレーをしようと思ってやっていない。飛びついてキャッチするようなプレーはできる限りしたくない。ヒットになりそうな当たりをなんでもないようにさばけば、ピッチャーも安心するでしょう。確実にアウトにできる打球をアウトにしようと思っているんです。どんなに華麗で見栄えがよくても、それでエラーするぐらいなら、泥臭くともアウトにした方が本当のプロと言えるんだと考えています。

荒木　井端さんは、どんなに合ってないバウンドでも捕りますから。セカンドのポジションで横から見ていて、「バウンドが合ってない！」と、ドキッとしても、間違いなく捕ってアウトにします。昔からそうです。凄いことです。

――内野の守備でアマチュアからプロまで難しいとされているのが、ゴロのバウンドの合わせ方です。秘訣《ひけつ》を教えて下さい。

井端　秘訣ですか？　ないですよ（笑）。そんなものがあって全部の打球にバウンドを合わすことができていたら、ゴロは全部ミスなく捕れますからね。ひとつだけ絶対に守らねばならないことは、「アッ」と思うような打球に対してグラブを上げないことですね。内野手は、グラブが上がってしまった時点で、もう負けだと思うので。グラブの動きは下から上が基本です。我慢して下げておかねばなりません。バウンドが全部が全部、合えばいいですけど、逆に、そういう打球は少ないですよ。バウンドが合わないときにいかに捕るかが内野手の勝負かなと思います。

荒木 セカンドは一塁に近いので、僕はもうバウンドが合わないと思ったら、体で止めに行きます。そこから落としても間に合うんです。でも、それはセカンドだからできること。ショートを2年ぐらいやったときに同じような感覚でバウンドが合わないからと体で止めにいったら、全部セーフなんですね。そう考えると井端さんは、体など使わず全部グラブで確実に捕っていた。バウンドが合わなくとも全部捕るんです。プロです。

――その反応は練習で磨くしかないのですか。どんな取り組みをされていますか。

井端 僕は練習の中で突っ込んで逆シングルで捕球するようなことは、ほとんどやりません。練習では難しいことはやらないんです。常にどんな打球でも股《また》を割って捕ろうと思っているんです。股を割ってゴロを捕球するという基本に忠実な動作を繰り返します。

――股を割るとは、つまり打球の正面に入って捕球するということですね。

井端　そうですね。その意識を常に持っていることが、たとえバウンドが合わなくても〝さばき〟というものにつながっているのかなと。もちろん試合では難しい捕球の仕方をすることはありますが、基本さえやっておけば（捕球しに）出ちゃえば簡単ですから。

荒木　僕も井端さんのそういう部分を見習っていますね。井端さんには軽いプレーというのものが一切ないんです。最近は他のチームの若い選手を見ていると、ちょっと軽いプレーが目立ちます。ポンポーンというようなね。「あれは、どうなんだろう？」と思って見ているんですが、井端さんには、そういうプレーが昔からまったくないですね。簡単なゴロでも確実に股を割って捕って投げる。僕は、どちらかと言えば、その軽いことをやりたがるタイプだったんですよ（笑）。それに落合さんにもずっと「おまえは腰が高い」と言われていました。でも目の前で井端さんが、股を割って腰を低くした基本を徹底的に練習されている。それが試合での確実なプレー、難しいプレーも難しく見せないというプレーにつながっている。練習の中から見習っています。井端さんの影響を受けて、軽いプレーはなるべくやらなくなりました。

井端　指導者の考え方や、選手のタイプによって色々と手法はあると思うので、僕のやっているものが正しいとは、一概には言えないと思うんです。でも、僕には股を割って基本に従って捕球するスタイルが合っているんですよね。

——土のグラウンドと人工芝のグラウンドでは準備は変わりますか？

井端　いえ、甲子園のような土のグラウンドも、人工芝もほとんど変わらないです。

——変わらない？

井端　はい。ただイレギュラーするかしないかだけです。その心構えだけを持ってればいいんです。土のグラウンドでは、イレギュラーするもんだ、はねないケースがあるんだと、想定しておくこと。後は、もうほとんど変わらないです。

荒木　それは、井端さんだから言えることでしょう（笑）。僕には、土のグラウンドになると構えてしまうところはありますね。でも、井端さんを見ていると、確かに土でも、人工芝とまったく同じですね。

——同じ人工芝でも、球場によって違いはあるのですか。

荒木　ありますね。守りやすいのは、やはりここ、ナゴヤドームが一番ですね。逆に守りにくい人工芝は、交流戦でプレーする度に思っているのですが、楽天の本拠地のKスタ（クリネックススタジアム宮城）です。凄く跳ねるんです。

井端　確かに慣れ親しんでいるナゴヤドームが一番守りやすいんですが、嫌な球場は、どこですかね……どこやろう？

荒木　井端さんは、多分ないんじゃないですか？

井端　いや、いや（笑）。今の人工芝は少し打球が変化するよね？

荒木　井端さんはどこの球場に行ってもプレーが安定していますよ。

井端　意外と……ほら、あそこが？

荒木　昔の札幌ドームじゃないですか。芝を張り替える前のあそこのグラウンドは、むちゃくちゃ跳ねたでしょう？

井端　そうだね。人工芝でもやっぱり必要以上に跳ねるのは嫌ですね。

グラブへのこだわり

――お二人が使用されているグラブについての〝こだわり〟を教えて下さい。

井端　僕のグラブは、5年前に引退されたのですが、ミズノの坪田信義さんという名人に長い間、作ってもらっていました。グラブの注文はひたすら硬いものを作って欲しいとお願いしています。こだわりは硬さと軽さですね。湿気で柔らかくなったり、バッグに入れて型が崩れることが嫌なので、遠征ではカメラマンが使うようなジュラルミンケースに入れて持ち運びしています。

荒木　僕も、まずは硬いのを作って欲しいんですよ。最初は坪田さんのを使っていたんですが、僕にとっては、ちょっと柔らかくて。グラブというのは、それくらい繊細なものですね。坪田さんが引退されてから革なんかも変わったような気もします。僕は、若い頃、井端さんがどんなグラブを使ってんだろうと、よく盗み見していました（笑）。

井端　僕のグラブは基本的に子供でも使える素人向きだと思います。

――素人向き？　どの辺りがそうですか？

井端　オーソドックスで、おそらく野球をやったことのない人が僕のグラブをはめてみたら「ああ、いいね。合うね」と言う感じだと思うんです。硬くて、しっかりとポケット（捕球ポイント）もできていますからね。

荒木　芸術品ですね。そんなグラブ。

井端　でも、荒木のグラブは、荒木でないと使いこなせないグラブじゃないかなと思います。そうだろう？

荒木　僕は、使いながらグラブが、まるで手のようにグチャグチャになっていくのが好きですからね。井端さんと同じくフィット感を大事にしています。どちらかと言えば、形や型はあまり気にしていないですから。井端さんって、グラブをしょっちゅう替えていませんか？「それいつ作ったんですか？」って言うくらい替わっていますよね？

井端　そうそう。今年も開幕して1週間で新しいグラブに替えました。それでは、さすがに早すぎたんで、また前のグラブに戻して、その新しいのを1か月くらい練習で使ってから試合で使い始めました。

荒木　井端さんはオープン戦なんかでは、グラブが届いたその日に試合で新品を使ったりしますよね？　僕なんか使いながらグローブを自分の型に変えていくので、考えられないです。怖くて、いきなり試合では使えないです。

井端　確かに僕の場合は、新品グラブを試合で使うのは早いかもしれない（笑）。

荒木　それこそ井端さんは、ほとんどの打球を股を割って捕球するんでグラブが新しくて硬くても関係ないんでしょうね。グラブを置く位置が悪ければ、新しくて硬いグラブでは打球を弾《はじ》いてしまうんだけど、井端さんは、打球に対してグラブを早く準備して、ぶれないから新しいグラブでも大丈夫なんでしょう。そこがプロですね。

――守備について影響を受けた人はいらっしゃいますか？

井端　最初は久慈さんですね。キャンプなどでは、久慈さんと一緒にノックを受ける機会もあったので、ずっと後ろで守備を観察させてもらって勉強させてもらいましたね。素晴らしいフットワークと、上体への連動。内野手には、捕ることと投げることをしっかりと分けるタイプと、それが連動するタイプがいますが、久慈さんは、流れの中で抜群の守備をされていました。

荒木　久慈さんが中日に移籍してきたとき、僕は二軍だったので、なかなか一緒に練習できる機会がなくて、見て盗むというチャンスはそれほど多くはありませんでした。僕はセカンドでしたが、やはり近くにいたショートの井端さんの影響を受けました。本当に色々と勉強させてもらいました。

井端　他球団でも影響を受けた人はいました。僕が入団したときには、横浜の石井琢朗《たくろう》さん、ヤクルトの宮本慎也さんと、ショートにはゴールデン・グラブ賞の常連とも言える職人がたくさんいました。そういう他球団の上手《うま》い人のプレーは試合でしか見られないんですけど、シートノックの段階から熱心に見ていましたね。

荒木　確かに、その頃のセ・リーグのショートは、ゴールデン・グラブ賞争いの激戦区でした。巨人に川相昌弘《かわいまさひろ》さんがいて、ヤクルトに宮本さんがいて、横浜の石井さん。そこに井端さんが若手で入ってきた。僕はセカンドで守備位置は違いますが、ショートの方々の守備は練習から食い入るように見ていましたね。でも、守備について何かを直接、聞いたという機会はないですね。それはチーム内でも、それこそ井端さんにも。

井端　当時は、そんなのはないよね。僕も、久慈さんに直接、何かを教わるということはありませんでした。そのプレーをじっと観察するだけ。見て、そこから何かを感じて学ぶんです。

荒木　近くで見て、「よし！　オレもどうにかしよう」と思うんですよね。

――「セカンド・荒木」、「ショート・井端」の組み合わせがフィットしますか？

井端　僕は、そうですね。

荒木　僕はショートを守っていたときは、ほんと自分のことだけで、めいっぱいでしたから（笑）。失策も多く記録してしまいましたしね。セカンドなんだと思います。

――阿吽《あうん》の呼吸は、どうやって出来上がったと思いますか。

井端　1年や2年でできたことではないと思うんです。なんて言うんですかね。頭で考えるというより、もうカーンとバットとボールが当たった瞬間に「こんな感じで打球が飛んできて、こういう風にアウトになる」というイメージが出来上がっています。だから荒木とのコンビでは、考えるという作業はないんです。何も考えずとも、ごく自然にコンビプレーができるんです。荒木と違う選手がセカンドのポジションを守ると、気になってしまうんです。「どこを守っているんだろう」「準備はどうなんだろう」と、チラチラと見て気にしちゃうんですよね。違和感と言えば違和感。荒木が、そこにいると一切そんなことはないんです。そこにいることが気にならないというのが阿吽の呼吸というものなんでしょうね。

荒木　僕もそうですね。違う人がショートに入ると、タイミングが合わない。WBCで井端さんが抜けていたときなんか、井端さんのタイミングで入ると早すぎて、もっとゆっくりしなければならなくなるんです。これまで井端さんと事前に「こういう打球が来たら、こうして、こうしましょう」なんて話をしたことは一度もありません。頭で考えるのではなく、お互いに相手の動きを見ながら、「こういうときはどういう動きをすればいい」と自然に反応するんですね。ただ、僕からすれば、行け行けドンドンでやっているところを全部、井端さんにフォローしてもらっているんです。そういうケースがほとんどでしょう。自分勝手にプレーすれば、後は、井端さんがなんとかしてくれる（笑）。

井端　そういう性格だからね（笑）。

荒木　これは守備だけでなく打順の方でも一緒なんです。僕が1番、井端さんが2番という1、2番を組んでいたときも、僕は、バンバン、初球から打っていきますから。たった1球で打ち取られて「相手のピッチャーの立ち上がりを楽にさせてしまったなあ」と思っても、後ろで井端さんが、6球、7球とファウルで粘ってくれます。そこから崩してくれます。僕の向こう見ずなところをフォローしてもらっているんです。「井端さんがなんとかしてくれる」という、ちょっと調子に乗った考え方はしていましたね。

10年以上組んでいる1、2番コンビ

――「荒木―井端」の1、2番コンビを2001年から10年以上にわたって組みました(荒木―井端の1、2番のスタメンは、2013年7月4日現在で、2012年6月3日の交流戦、ロッテ戦が最後になっている)。2004年や2009年は、主に「井端―荒木」と入れ替わり、アライバが、イバアラになったりしていますが、お二人からすれば、どちらの並びがしっくりとくるのですか?

井端 そりゃ断然、1番・荒木です。

荒木 はい。

井端 僕には荒木ほどの足はないですからね。それに積極的に行く方じゃありませんから。2番打者には走者が出ると制約がありますよね。そういう制約の中で工夫しながら仕事をするのが好きなんです。1番打者のようにフリーに打つより、状況に応じてチャ

ンスを広げる、クリーンアップにつなげる役割が合っています。

荒木　僕は実は不器用ですから。２番だといろいろと考えすぎちゃうんですよ。

井端　僕が１番を打っているときもあったんですけど、荒木が先に行ってくれた方が、もう何も考えなくても、次の僕はどうすればいいかということが、体にしみついちゃっています。これは守備のコンビと同じ感覚ですね。１番の荒木が、時々違う人になったり、荒木がたまに２番に行ってみたりとかすると、「あれ？　こんなだったっけ」と考えてしまう。それは、どの打順でも一緒だと思うんですけど。やっぱり同じ打順、同じ景色、同じシチュエーションじゃないと、疲れてしまうんじゃないかと思います。

荒木　わかります。

――荒木さんが出塁して盗塁。そこから井端さんが粘り強くつないでいく。一死三塁にしてヒット無しで点を奪うというケースが少なくありませんでした。

井端　荒木が出塁して「荒木が走れるか、走れないか」というのは、大体、相手ピッチャーとの兼ね合いで、僕が打席に入る前からわかっているんです。初対戦のケースは別としてね。すぐに（盗塁に）行けるならば、彼が走るまで打たずに待っていればいいだけですし、(盗塁に) 行けないなら、それを逆手に取ればいいだけのことなんです。あとは、何球目に行くのか、ということだけですね。

荒木 基本的に僕が1番に入るケースでは、ベンチから出る盗塁のサインは、グリーンライトなんです。ようするに「行けたらいつでも行け!」というサインですね。僕の場合、行けると思えば、それこそ行け行けドンドンですから (笑)。

井端 それでも、まず1球を見たときに、僕が「行ける」と判断しても、荒木が「行けない」と判断している場合もあるわけです。でも、それはすぐにわかります。

——アイコンタクトですか?

井端 いえいえ「僕、無理です」って顔をしていますから (笑)。

荒木 (笑)。多分、それ当たってます。

井端 それがどんな顔かと聞かれれば難しいんですが (笑)。僕にしかわからないのかもしれませんが、「僕、無理です」という顔があるよな?

荒木 はい (笑)。

井端 だけど、荒木の凄いのは、僕には、そういう顔でコンタクトしてきても、相手べンチには悟られないんです。たとえ、行けなくとも、「行かない、行けない」という素振りはしないんです。フェイクを上手く使いながら、「いつでも行くよ」という姿勢をとって、相手の守備とバッテリーに揺さぶりをかけてくれるんです。

荒木　そういうときは、上手くフェイクのスタートを切りながら、1、2塁間を空けさせるんです。井端さんは、そういうスペースができれば、そこに打ちますから。

井端　荒木が塁に出ると、僕に対する配球にも偏りが生まれます。自然と真っ直ぐ系が多くなります。バッテリーは荒木の足を警戒しますから。変化球では成功の確率が高まります。最初の頃は、真っ直ぐでも外系が多かったなあと思うんですが、そのうちポンと初球からインサイドに来たり、バッテリーも考えてくるんですけどね。ただ変化球、変化球と続けてくるピッチャーはノーアウトで荒木が出たときは、ほとんどなかったですね。ワンアウトになると、多少、そういう攻めをしてくるピッチャーはいますが、ノーアウトなら間違いなく真っ直ぐ系が多くなる。荒木が行けないときにでも、走る素振りを続けるので、僕としては配球も読みやすくなるわけです。

荒木　そういうプラスの連鎖が生まれていくのが、チームとして理想ですよね。

――荒木さんは２００４年から６年連続、30個以上の盗塁を記録され、２００７年にはタイトルも獲得されています。井端さんも２００４年に21個、２００５年に22個盗塁され、２００７年には自己最高の23盗塁を記録されています。盗塁の極意を教えて下さい。

荒木　極意ですか。盗塁は、足さえ速ければ、そんな技術は要らないですよね（笑）。でも、僕は単純なタイムを測れば驚くほどは速くないんです。僕は投手の癖を見て走ります。何かのきっかけがないと行けないですよね。根拠がなければ自信も出てこない。ビデオなどを研究しながら、そういう相手投手の癖（ホームに投げるか、牽制《けんせい》をするか）の情報を集めるんです。僕の場合、体の下の方から順番に見ていき、動きの違いがどこに出るかを探っていきます。修正してくる投手もいますが、大体１年間は、変わらず出るものです。そこをちゃんと見てくれてるコーチもチームにいて、助けてもらいました。

井端　僕はヤマカンです（笑）。

荒木　井端さんが１番で、僕が２番という時代がありましたよね。打席で、ワッと思うくらいのむちゃくちゃ思い切りのいいスタートでした。みなさんは意外と知らないんですが。

井端　こんなことを喋《しゃべ》ってしまっていいのかわかりませんが（笑）、僕は、盗塁では初球にしか走りません。

――初球にしか走らない？

井端　初球か、追い込まれたあとの変化球を投げてくるであろうタイミングぐらいでしか走りません。

荒木　そのスタートが本当にビックリするぐらい速いんです。

井端　まあ、ピッチャーというのは不思議なもので、クイックモーションの初球は遅いんです。クイックは2球目のボールから速くなるので、もう行くなら初球なんです。WBCの台湾戦で鳥谷が決めたのも初球でしたよね。僕のスタートのタイミングは完全にヤマカンですよ。荒木のように癖を見てゴーじゃないですね。

荒木　それと僕は打者のカウントが早い段階で走りたいと常に意識していますね。井端さんにはできる限り、有利なカウントで、ゆっくりと打ってもらいたいでしょう。そういう心構えだけは持っています。せっかく井端さんが、僕が走るのを待ってくれているのに、なかなか行けずにボンボンと、ツーストライクに追い込まれてしまったというケースも何回もありますからね。たとえストレート系でストライクを投げてくることがわかっていて、盗塁に不利でも、僕が思い切ってスタートを切れるようにすれば成功するんです。だから早いカウントで走りたいと、ずっと心掛けています。その気持ちが盗塁の思い切りの良さにつながっているのかもしれません。後ろが井端さんじゃなければ、こんなに走ってきてないと思いますね。

「アライバ」の誇りを再確認したWBC

――荒木さんはWBCでの井端さんの活躍をどうご覧になりましたか？

荒木　見てましたよ。「さすがですね！」とメールまでしました。今回のWBCは、メジャー組が参加していなくて前評判がそう高くない中で、どういう試合をしていくんだろうなと毎試合、注目していました。いいところで井端さんがいつものように打って素晴らしかったです。

――井端さんは、WBCでは、なぜ、あんなに打てたのですか。

井端　レギュラーじゃなかったからです。

荒木　（笑）。どういうことですか？　それで集中力が高まったとか？

井端　いや、そうじゃないよ。だって控えの立場で行ってるんだから、期待されてないから。楽（笑）。

荒木　井端さんらしいです（笑）。

井端　確かに日の丸を背負うプレッシャー、緊張感はあったけれど、別に命を取られるわけじゃない。途中からスタメンで行くようになっても、ガチガチになってしまうというものではなかったですね。いい意味で開き直れていたから打てたんでしょう。

――WBCではなかなか打線が固定されませんでしたが、最後は、阪神の鳥谷敬とのコンビ、「アライバ」ならぬ「トリイバ」での1、2番となりました。

井端　うーん、その打順で打ったのは、3試合だけですから。結局……（いいのか、悪いのか）わからないです……。うん……わからないです。鳥谷選手は、あの台湾戦での盗塁を含めて素晴らしい選手だと思って見ていましたが、そこまですべてを知ってる選手じゃありません。本当の姿もわからないですから……やっぱり難しいです。冷静になって考えてみると、荒木以外の違う人だと1、2番を組むことは難しいです。

荒木　僕は「トリイバかあ、いいなあ、はまっているなあ」と思って見ていましたね。そして、「そうか、アライバって周囲から、こういう風に見られてたんだな」と初めて客観的に考えることができたんです。やっている自分たちは、わかんないものなんですよ。井端さんに改めて「ありがとうございます」という感謝の気持ちが湧いてきました。僕は出場していませんが、今回のＷＢＣには、もう一度、プロとして自分の持ち味は何なのかを考え直す、いい機会を与えてもらいました。

——その「アライバコンビ」とは、一体何なのでしょう。

井端　10年以上も、二遊間を同じ2人で守っているというチームは、プロ野球では過去も含めて、そうないと思うんですね。多分……あるかな？

荒木　おそらく、ないと思います。どっちかと言うと、セカンドのポジションが替わりますよね？　巨人のＶ９時代に土井正三《どいしょうぞう》さんのセカンド、黒江透修《くろえゆきのぶ》さんのショートという二遊間が長く続いたそうですが、それ以外は聞かないですよね？

井端　どちらかが長くやるというケースはあるのかもしれませんが、2人で揃って10年以上も守り続けるということは、なかなかないと思うんです。それは誇れることだと思っています。要は、お互いがいたからこそ、やってこれたんだと思うんです。だから、そのへんの二遊間には……まだまだ負けるつもりもないし、負けているとも思わない。荒木は、どうかな？

荒木　そうですね。井端さんの言う通りですね。おそらく、僕が違う人間でも、井端さんはできているかもしれないですが、ただ、僕は相手が井端さんじゃなければ、ここまで続けてこれなかったと思っています。

井端　それはないよ。

荒木　いえ、僕は井端さんとのコンビでなければ、もう野球をやめていると思いますよ。あれだけ、行け行けドンドンの野球をやらせてもらえたのは、井端さんがいたからこそなんです。せっかく井端さんからそういう言葉をもらえたんで、僕もいてよかったと思います。

井端　でも逆に言えば、荒木が、行け行けドンドンだったからこそ、僕が生きたというのもありますよ。僕みたいな選手が2人いたら、慎重派、慎重派でおかしくなっちゃうんです。行け行けドンドン、行け行けドンドンでも怖い（笑）。

荒木　そうですね。

井端　ちょうど、いいバランスだったと思うんですよ。荒木は、初球から積極的に行くから、次の打者の僕は待つことが必要だし、次にボールを待つバッターがいるから、荒木も初球から行きやすくなる。

荒木　すごい、いいエピソードじゃないですか、この話は（笑）。

井端　そして、たまには僕も初球から行きますから。荒木が粘ったなあと思ったときに、相手がホッとしたところで初球から行かせてもらう。荒木が初球から打ちに行くから、バッテリーは、次の僕は「初球からは打って来ないだろう」と甘いボールで入ってくることが少なくないんです。僕は、そこを見逃さない。うまくプラスの連鎖で回っているんじゃないですか？　同じタイプで同じ性格の2人が1、2番に並んでいても、プラスの連鎖が生まれなかったと思うんです。両極端のプレースタイルの僕らがいるからチームとして打線として面白くなってくるんでしょう。

荒木　今日は（2013年6月9日、ソフトバンク戦）久しぶりに代打に行って、たまたま、井端さんの後ろの打席になったんです。打席に井端さんがいて、僕がネクストバッターズサークルにいる。「ああ、懐かしい」と思いました（笑）。「これいいな。今日打てそうだな」という気がしたんですね。そういうのがあるんです。雰囲気ですね。実際にヒットが出ました。ヒットを打っても、凡打をしても、井端さんとのコンビならば、スッとゲームに入っていけるんです。不思議な力ですね。

あとがき

時は移ろいやすい。

時間がダイナミックに動くスポーツの世界においては、記録は永遠に残っても、記憶というものは時間の経過と共に過去のものとして置き去りにされていく。

WBCで、侍ジャパンはV3という記録を作ることができなかった。

しかし、僕にとってあのWBCの記憶は、一生忘れられないものとなって心に留《とど》まっている。ブラジル戦、台湾戦、そして、サンフランシスコでのプエルトリコ戦……。

いい意味でも悪い意味でもWBCの影響は、想像を絶するものだった。

サンフランシスコと成田（出発は羽田）を結んだ飛行機は11時間超のフライトだった。滞在時間が短かったので、時差に慣れた頃に帰国。帰ってきてから少し休養したが、体内時計が狂ったせいか、ずっと眠たかった。

レギュラーシーズンの開幕戦は、帰国して10日後にやって来た。そこには違った意味での集中力が必要だった。「5番・ショート」で出場してヒットは出たが、その3連戦が終わった次の月曜日から食事が喉《のど》を通らなくなった。開幕の緊張感で表に出ていなかった蓄積されていた疲労が、月曜日になって一気に出たのかもしれなかった。別に悪いものを食べたわけではなかったが、口にしたものが消化されていない感じだった。火曜日に少し食べたが、水、木と、2日間、まったく何も食べられない。ジャイアンツ戦で東京に来て、何かを食べなければいけないと無理やり、試合前の東京ドームの選手食堂で、うどんなど喉ごしのいいものを胃袋に流し込んだが、お腹がパンパンに張ってしまって、それ以上、何も受け付けない。

普段は、夕食を2回食べるほどのチーム一の大食漢なのだが、そんな状態が続いて体重は一気に3キロ減った。みるみるゲソッとやつれた。

おまけにめまいがした。吐き気がして気持ちも悪い。

平衡感覚を失ったように自分で真っ直ぐ立っているのか、立っていないかもわからない状態になった。その最悪の体調に引きずられるようにバッティングもおかしくなった。

地獄のような1週間だった。

自覚はないのだが、V3がかかっていて負けられない極度のプレッシャー、そして厳しい日程や時差によって肉体は間違いなくダメージを受けていたのだろう。

そう言えば4年前には、あのイチローさんでさえ、WBCで優勝後、シアトル・マリナーズのキャンプに合流してから、胃を痛めてコンディションを崩したという報道があった。何が原因だったかは詳しくはわからないが、通常より1か月前倒しでシーズンがスタートして、しかも、国の威信を背負って緊張とプレッシャーの中で戦うWBCは、メジャーリーガーのタフな肉体にも影響を与えてしまったのだろう。

この本に書いたように、僕は、何度かあった痺《しび》れるような打席で、そこまでのプレッシャーを感じていなかった。WBCでは冷静に打席に入っていた。しかし、目に見えぬ凄《すさ》まじいプレッシャーが僕を知らぬ間に痛めつけていたのだ。日の丸を背負った侍ジャパンの戦いとは、それほど過酷なものなのだろう。

この体調不良は、完全にバッティングのメカニズムを破壊してくれた。

シーズンインしても長らく打率が2割台に低迷。交流戦が明けるまでには、なんとか人様に見せられるような数字にはしておきたいと願ったが、ついに6月1日の日本ハム戦では、スタメン落ちを告げられた。ここまで復調に苦労させられるとは想像もしていなかった。

これまで日本代表としてアテネ五輪、北京五輪の予選には出場しているが、なぜか肝心の本戦には縁がなかった。やっともらったチャンスで、かけがえのない経験をさせてもらった。しかし、その代償もまた大きかった。

僕は、帰国後のインタビューで、「もう一度、WBCに出たい」と語った。もちろん、本心である。今回、僕らは優勝ができなかった。V3を果たせなかった。年齢的に考えても、これが最後のWBC出場という気持ちで臨んだ大会であったが、あの日、サンフランシスコのAT&Tパークで、「2017年のWBCでは、今度こそ優勝というものを味わいたい」と強く誓った。

4年後のWBCの年までに自分がどうなっているかはわからない。

性格的にスパッと決めてしまう方だから、もしかすれば、なんらかのきっかけで引退しているかもしれない。

今、「もう一度、出たいですか」と聞かれて、あのときと同じ言葉は言えない。

だが、4年後に「WBCに出たいですか」と聞かれたとき、「もう一度出たい」と胸を張って発言できて、しかも、選んでもらえるような選手のままでいたい。そういうモチベーションを持って今も努力をしている。

重盗失敗の真実

最後に野球ファンの皆さんが、あれは一体なんだったんだろう？　と、きっと疑問に思っているであろうWBCでの重盗失敗について書いておきたい。

準決勝のプエルトリコ戦。2点を追う8回に中途半端に仕掛けて失敗に終わったダブルスチールが、大会終了後、すべての敗因のように語られた。

ベンチから出ていたサインは、「行けたら行け」だった。無死一、二塁で、打席には、4番の阿部慎之助。僕は、「行っちゃうとまずいな。でもサインは『行けたら行け』だからなあ」と非常に中途半端な気持ちだった。

ちょうどピッチャーが交代してインターバルができたので、一塁コーチャーズボックスの緒方耕一《おがたこういち》さんが、二塁ベース付近まで来て、「盗塁のサインというか『行けたら行け』が出るかもしれないから、頭に入れとけよ」ということを言われた。

僕は、思わず、「え？　行くんですか」と聞き直した。

コーチとの間にダブルスチールのアイコンタクトが成立しているように報道されたものがあるが、そこまでの意思の疎通はなかったのである。

「この場面では行くのならばオレではないだろう。オレなんか30後半でそこまでの足はねえぞ」と思った。ここで重盗を狙うのなら、代走・本多雄一《ほんだゆういち》（福岡ソフトバンク）の方がいいのではないか。一瞬、そんな考えが頭をよぎった。

そんな中途半端な気持ちが、あの中途半端な走塁を生んでしまったのだ。行かないならもう行かない。何もしないと決めればよかったのだ。それが、中途半端に「行く素振りを見せたほうがいいのかな」と考えて実行してしまった。

僕はスタートを切っただけでストップしたが、内川聖一《うちかわせいいち》（福岡ソフトバンク）は、それに気づかず二塁を狙った。結果、糞詰《ふんづ》まりとなって、内川はアウト。チームの逆転ムードに水を差した。

実は、あれはスタートを切ったが、タイミングが遅れたからストップしたのではなく、最初から、行く素振りを見せただけのフェイクだったのだ。僕には行ってもセーフになる足はない。スタートを切った〝ふり〟をしただけの偽装スタートだった。

それがまずかった。

「よし行ってやろう」と気持ちが固まっていたなら、もっと早いスタートを切っていると思う。「行こう、いや、オレの足なら無理でしょう。アウトになるのは間違いない」などという迷いが、そのまま、あの偽装スタートにつながったのである。

それに騙《だま》され飛び出してしまった内川には本当に申し訳ないと思う。

もし、あのまま三塁を狙っていたら？

間違いなく何メートルも手前でアウトだっただろう。

ちなみに、チームによって違うようだが、ダブルスチールのサインは、プロ野球には存在する。ただし、前のランナーが優先。一塁ランナーはあまり関係なく、少し遅れて二塁のスタートを見てからスタートを切るのが基本だ。

「行けたら行け」のサインの場合は、スタートが悪ければ前のランナーはストップすることになる。一塁ランナーと、二塁ランナーの意思疎通が一層大事になってくるプレーだ。

いずれにしろ、僕の迷い、中途半端な心の持ち用が、すべての原因である。

〝ぶれるな〟

〝逃げるな〟

この本にも書いたが、僕が貫いてきた流儀を大一番で守ることができなかった。あのときの僕は、少し迷い、中途半端だった。痛いほど、〝ぶれない〟ことの重要さが身に染みた。ベテランと呼ばれる年齢になったが、まだまだ学ぶことはたくさんある。

本当に最後になりましたが、本書の出版にあたり、多くの方々のご支援、ご協力をいただきました。とりわけ時間がない中、本書の制作にあたり尽力していただいた、中日ドラゴンズの関係者の皆さま、対談に応じていただいた荒木雅博選手、角川書店の書籍編集部の皆さまに多大なお力添えをいただき、心からお礼を申し上げます。

井端弘和（いばた　ひろかず）
1975年５月12日生まれ。神奈川県出身。堀越高校、亜細亜大学を経て、97年のドラフト５位で中日ドラゴンズ入団。右投げ右打ち。2001年から遊撃手のレギュラーに定着。 173センチと小柄だが二塁手の荒木雅博と共にドラゴンズの内野の要を務める。毎年３割前後の打率を残し、バントや右方向への流し打ちも上手い。俊足巧打のユーティリティプレーヤー。ベストナイン５回、ゴールデングラブ賞７回受賞。13年のWBCで大活躍し、２次ラウンドMVPと大会ベストナインに選ばれた。日本プロ野球選手会理事長。

勝《しょう》負《ぶ》強《づよ》さ

井《い》端《ばた》弘《ひろ》和《かず》

二〇一三年七月二十日　初版発行

発行者　井上伸一郎
発行所　株式会社角川書店
東京都千代田区富士見二―十三―三
〒一〇二―八〇七八
電話／編集　〇三―三二三八―八五五五

発売元　株式会社KADOKAWA
東京都千代田区富士見二―十三―三
〒一〇二―八一七七
電話／営業　〇三―三二三八―八五二一
http://www.kadokawa.co.jp/

装丁者　緒方修一（ラーフイン・ワークショップ）
印刷所　暁印刷
製本所　BBC

角川oneテーマ21　A-173
© Hirokazu Ibata 2013 Printed in Japan
ISBN978-4-04-110516-0 C0295

※本書の無断複製（コピー、スキャン、デジタル化等）並びに無断複製物の譲渡及び配信は、著作権法上での例外を除き禁じられています。また、本書を代行業者等の第三者に依頼して複製する行為は、たとえ個人や家庭内での利用であっても一切認められておりません。
※落丁・乱丁本は、送料小社負担にて、お取り替えいたします。角川グループ読者係までご連絡ください。
（古書店で購入したものについては、お取り替えできません）
電話 049-259-1100（9：00～17：00/土日、祝日、年末年始を除く）
〒354-0041　埼玉県入間郡三芳町藤久保 550-1

A-45
巨人軍論
——組織とは、人間とは、伝統とは
野村克也
すべての戦略、戦術のノウハウは巨人軍に隠されている——。強い球団と弱い球団の差とは？　楽天を指揮する名匠の前代未聞の巨人軍分析！

A-77
あぁ、阪神タイガース
——負ける理由、勝つ理由
野村克也
阪神球団の伝統に隠された最大の弱点とは何か？　現役監督の著者が他球団の再生のための戦術を徹底分析する前代未聞の阪神タイガース論！

A-86
野村再生工場
——叱り方、褒め方、教え方
野村克也
「失敗」と書いて「せいちょう」と読む。人は無視・賞賛・非難で試される。意識付け、考え方、ぼやき方まで、楽天的再生論の極意を初公開する。

A-94
あぁ、監督
——名将、奇将、珍将
野村克也
組織は監督の「器」より大きくならず。歴代監督から現役監督の戦術や人間性までを徹底分析した「リーダー論」。野村流リーダー学の極意も公開する！

A-87
覚悟のすすめ
金本知憲
強い覚悟が自分を支える力になる。連続フル出場の世界記録を更新し続ける鉄人の精神力と強靭な肉体の秘密。

C-95
決断力
羽生善治
将棋界最高の頭脳の決断力とは？　天才棋士が初めて公開する「集中力」「決断力」のつけ方、引き込み方の極意とは何か？　30万部の大ベストセラー超話題作！

C-3
集中力
谷川浩司
将棋における戦いは、限られた持ち時間の中で、いかに集中して指し手をひねり出すかが問われる。逆境からの復活を果たした一流棋士による集中力育成の極意。

C-235
勝つ組織
佐々木則夫
山本昌邦
人を育て結果を出すために、リーダーは何をすべきか。代表チームを率いた盟友・二人が初めて語り合った組織マネジメント。ビジネスマン必須の書！

A-149
観察眼
遠藤保仁
今野泰幸
ボランチの遠藤とセンターバックの今野。変わり行く試合展開の中、何を考えてプレーしているのか？　日本代表の2人が流れを読む力、観察眼を明らかにする。

A-130
信頼する力
――ジャパン躍進の真実と課題
遠藤保仁
2010年、南アフリカW杯。チーム最年長であり中心にいた遠藤保仁が、今だから明かす真実。日本代表、躍進のカギは「信頼関係」にあった――。

A-126
恐れるな！
――なぜ日本はベスト16で終わったのか？
イビチャ・オシム
南アW杯ベスト16で満足するな！　日本人よ、もう少しの勇気を持て！　元サッカー日本代表監督が日本の未来のために書き尽くした渾身の提言。

A-114
考えよ！
――なぜ日本人はリスクを冒さないのか？
イビチャ・オシム
日本が世界で勝ち上がるためのヒントが見えてくる。なぜ日本人はリスクを冒さないのか。前サッカー日本代表監督が書き尽くした珠玉の戦術論・組織論・日本人論。

C-237
挫折を愛する
松岡修造
成功だけが続く人生なんてありえない。「もう無理だ」は、あなたが劇的に変わる寸前の、最後の苦しみなのかもしれない。折れやすい心を強くするためのヒント。

C-205
F1　戦略の方程式
――世界を制したブリヂストンのF1タイヤ
浜島裕英
欧米が圧倒的に優位のモータースポーツの世界で、日本企業として屈指の活躍を収めたタイヤ開発者が教える「世界で勝つための方法」とは？

角川oneテーマ21

B-155

プロ野球重大事件

——誰も知らない"あの真相"

野村克也

巨人の内紛劇からドラフト問題、落合解任、DeNA新規参入。日本のプロ野球のニュースには人間ドラマあり。世にも奇妙な話の数々まで紹介する。

A-117

なぜ日本人は落合博満が嫌いか？

テリー伊藤

常識に囚われない超合理主義のプロフェッショナル、落合博満こそ混迷の日本を救う新時代のリーダーである。テリー伊藤が熱く吼える！

C-198

大局観

——自分と闘って負けない心

羽生善治

年齢を重ねるごとに強くなり、進化する「大局観」の極意とは何か？ 最強棋士の勝負哲学からの直感力、決断力、集中力の法則を学ぶ一冊。

C-127

交渉力

団 野村

「最強の代理人」が球団との交渉の極意を公開！ 野茂、吉井、伊良部らをメジャーに送り込んだ著者がその裏側を初めて書き下ろす衝撃の一冊。プロ野球ファン必見！

C-136

ボナンザVS勝負脳

——最強将棋ソフトは人間を超えるか

保木邦仁
渡辺 明

コンピュータがプロのトップ棋士に勝利するまでついにあと一歩のところまでたどり着いた。激戦の舞台裏と最強将棋ソフト誕生までの全貌を公開。

C-138

構想力

谷川浩司

四〇歳をすぎてもなお第一線で活躍を続ける著者が、勝利を得るために欠かすことのできない「構想」の描き方について、さまざまな角度から縦横に説く。

C-118

勝負勘

岡部幸雄

勝負を左右する勝負勘とは何か？ 前人未到の最多勝記録を持つ名騎手が引退後初めてその極意を公開！ 競馬ファン、ビジネスマン必読の一冊！